DICTIONNAIRE
FRANÇAIS~ANGLAIS
ANGLAIS~FRANÇAIS
FRENCH~ENGLISH
ENGLISH~FRENCH
DICTIONARY

ROBERT · COLLINS
CADET
DICTIONNAIRE
FRANÇAIS ~ ANGLAIS
ANGLAIS ~ FRANÇAIS

par

Beryl T. Atkins   Alain Duval
Hélène M. A. Lewis   Rosemary C. Milne

établi d'après le texte du

DICTIONNAIRE
FRANÇAIS-ANGLAIS
ANGLAIS-FRANÇAIS
LE ROBERT & COLLINS

S. N. L. - Le Robert

COLLINS·ROBERT SCHOOL FRENCH~ENGLISH ENGLISH~FRENCH DICTIONARY

by

Beryl T. Atkins   Alain Duval
Hélène M. A. Lewis   Rosemary C. Milne

based on the

COLLINS–ROBERT
FRENCH–ENGLISH
ENGLISH–FRENCH
DICTIONARY

Collins
London   Glasgow   Toronto

TABLE DES MATIÈRES

TABLE OF CONTENTS

Les marques déposées ® Les termes qui constituent à notre connaissance une marque déposée ont été désignés comme tels. La présence ou l'absence de cette désignation ne peut toutefois être considérée comme ayant valeur juridique.

Trademarks ® Words which we have reason to believe constitute registered trademarks are designated as such. However, neither the presence nor the absence of such designation should be regarded as affecting the legal status of any trademark.

Collins Publishers
P.O. Box, Glasgow, G4 ONB, Great Britain
100, Lesmill Road, Don Mills, Ontario M3B 2T5, Canada
ISBN 0 00 433450 7

S.N.L.-Le Robert
107, av. Parmentier, 75011 PARIS
ISBN 2 85036 075 9

Photocomposition : M.C.P. — Fleury-les-Aubrais
Impression : Imprimerie Aubin — Ligugé
Reliure : S.I.R.C. — Marigny-le-Chatel

Manufactured in France

INTRODUCTION

Voici peut-être le premier dictionnaire que vous allez utiliser en classe, ou que vous allez emporter en voyage. C'est en pensant à ce que chaque lecteur — francophone ou anglophone — désire savoir en l'ouvrant que nous avons choisi les 60000 mots et expressions qu'il contient. Nous vous avons donné, pour chaque mot, toutes les précisions dont vous avez besoin pour lire et correspondre dans les deux langues.

Nous avons volontairement écarté les mots rares comme *anachorète* ou *zircon*, que vous pouvez pourtant connaître, afin de consacrer la place ainsi gagnée à décrire dans le détail les mots de tous les jours, qui sont aussi les plus complexes de la langue. Savez-vous que le mot **jeter,** par exemple, peut recevoir une douzaine de traductions ? Elles n'ont pas du tout le même sens, comme vous le précisent les indications en italique qui guident votre choix et qu'il faut lire avec soin. D'autres indications vous montrent comment le mot anglais correspondant est utilisé en mentionnant les éléments de grammaire dont vous avez besoin. Enfin, une douzaine de phrases de la conversation courante illustrent l'article et vous aident à ne pas faire d'erreur. Lorsqu'un mot est familier (**bouquin*** en français, **bloke*** en anglais), un astérisque vous met en garde ; vous saurez qu'il faut l'utiliser avec prudence.

Enfin, les quelques pages intitulées **Comment se débrouiller en anglais** vous donnent les éléments de conversation qui vous permettront de vous faire comprendre et de rédiger une lettre.

Nous espérons que ce dictionnaire vous donnera les moyens de comprendre ce qui est dit et écrit en anglais, mais aussi de vous exprimer sans crainte d'être ridicule ou mal compris.

Les Auteurs.

INTRODUCTION

This is perhaps the first dictionary you use at school, or it may be the one you take with you when you go to France. It contains 60000 references, and in compiling each entry we have considered what each user — the French speaker or the English speaker — will need from that entry, and have tried to give you enough detail to allow you to understand, to speak and to write the language correctly.

We have deliberately omitted rare words like *anchorite* or *zircon,* though you may know them, in order to make space for detailed treatment of the most common, and very complex, words of the language.

For example, the word **price** can have six different translations. They have all completely different meanings, as you will see from the italicized indicators, which are there to help you choose the French expression which best suits your purpose. Other indicators show you how the French word is used, and give you the grammar you need to use it correctly. This detailed entry also contains nineteen up-to-date phrases to help you to understand the French, and to speak or write it correctly.

An asterisk is used to warn you that an expression is colloquial (for example **bouquin*** in French, and **bloke*** in English), and should therefore be used with a certain amount of care.

A small section of this book is called **How to do things with French.** In these pages, we have brought together common phrases you will need in day-to-day life in France, including writing letters.

With this dictionary, we hope you will be able not only to understand French, but also to speak and write simple French correctly, without being afraid of misunderstanding.

The Editors.

abréviation	abrév, abbr	abbreviation
adjectif	adj	adjective
administration	Admin	administration
adverbe	adv	adverb
agriculture	Agr	agriculture
anatomie	Anat	anatomy
antiquité	Antiq	ancient history
archéologie	Archéol, Archeol	archaeology
architecture	Archit	architecture
article	art	article
astrologie	Astrol	astrology
astronomie	Astron	astronomy
automobile	Aut	automobiles
auxiliaire	aux	auxiliary
aviation	Aviat	aviation
biologie	Bio	biology
botanique	Bot	botany
britannique, Grande-Bretagne	Brit	British, Great Britain
canadien, Canada	Can	Canadian, Canada
chimie	Chim, Chem	chemistry
cinéma	Ciné, Cine	cinema
commerce	Comm	commerce
comparatif	comp	comparative
conditionnel	cond	conditional
conjonction	conj	conjunction
construction	Constr	building trade
mots composés	cpd	compound, in compounds
cuisine	Culin	cookery
défini	déf, def	definite
démonstratif	dém, dem	demonstrative
dialectal, régional	dial	dialect
diminutif	dim	diminutive
direct	dir	direct
économie	Écon, Econ	economics
électricité, électronique	Élec, Elec	electricity, electronics
euphémisme	euph	euphemism
exclamation	excl	exclamation
féminin	f	feminine
figuré	fig	figuratively
finance	Fin	finance
football	Ftbl	football
futur	fut	future
en général, généralement	gén, gen	in general, generally
géographie	Géog, Geog	geography
géologie	Géol, Geol	geology
géométrie	Géom, Geom	geometry
grammaire	Gram	grammar
gymnastique	Gym	gymnastics
histoire	Hist	history
humoristique	hum	humorous
impératif	imper, imper	imperative
impersonnel	impers	impersonal
industrie	Ind	industry
indéfini	indéf, indef	indefinite
indicatif	indic	indicative
indirect	indir	indirect
infinitif	infin	infinitive
interrogatif	interrog	interrogative
invariable	inv	invariable
irlandais, Irlande	Ir	Irish, Ireland
ironique	iro	ironic
irrégulier	irrég	irregular
droit, juridique	Jur	law, legal
linguistique	Ling	linguistics
littéral, au sens propre	lit	literally
littérature	Littérat, Literat	literature
masculin	m	masculine
mathématiques	Math	mathematics
médecine	Méd, Med	medicine

VII

météorologie	Mét, Met	meteorology
métallurgie	Métal, Metal	metallurgy
militaire	Mil	military
mines	Min	mining
minéralogie	Minér, Miner	mineralogy
musique	Mus	music
mythologie	Myth	mythology
nom	n	noun
nautique	Naut	nautical, naval
négatif	nég, neg	negative
numéral	num	numerical
objet	obj	object
opposé	opp	opposite
optique	Opt	optics
ornithologie	Orn	ornithology
	o.s.	oneself
parlement	Parl	parliament
passif	pass	passive
péjoratif	péj, pej	pejorative
personnel	pers	personal
pharmacie	Pharm	pharmacy
philosophie	Philos	philosophy
photographie	Phot	photography
physique	Phys	physics
physiologie	Physiol	physiology
pluriel	pl	plural
politique	Pol	politics
possessif	poss	possessive
préfixe	préf, pref	prefix
préposition	prép, prep	preposition
prétérit	prét, pret	preterite
pronom	pron	pronoun
psychiatrie, psychologie	Psych	psychiatry, psychology
participe passé	ptp	past participle
quelque chose	qch	
quelqu'un	qn	
marque déposée	®	registered trademark
radio	Rad	radio
relatif	rel	relative
religion	Rel	religion
	sb	somebody, someone
sciences	Sci	science
école	Scol	school
écossais, Écosse	Scot	Scottish, Scotland
singulier	sg	singular
sociologie	Soc, Sociol	sociology, social work
Bourse	St Ex	Stock Exchange
	sth	something
subjonctif	subj	subjunctive
suffixe	suf	suffix
superlatif	superl	superlative
technique	Tech	technical
télécommunications	Téléc, Telec	telecommunications
industrie textile	Tex	textiles
théâtre	Théât, Theat	theatre
télévision	TV	television
typographie	Typ	typography
université	Univ	university
américain, États-Unis	US	American, United States
voir	V	see
verbe	vb	verb
médecine vétérinaire	Vét, Vet	veterinary medicine
verbe intransitif	vi	intransitive verb
verbe pronominal	vpr	pronominal verb
verbe transitif	vt	transitive verb
verbe transitif et intransitif	vti	transitive and intransitive verb
zoologie	Zool	zoology
emploi familier	*	colloquial, familiar

Phonetic Transcription of French

Vowels

[i]	il, vie, lyre
[e]	blé, jouer
[ɛ]	lait, jouet, merci
[a]	plat, patte
[ɑ]	bas, pâte
[ɔ]	mort, donner
[o]	mot, dôme, eau, gauche
[u]	genou, roue
[y]	rue, vêtu
[ø]	peu, deux
[œ]	peur, meuble
[ə]	le, premier
[ɛ̃]	matin, plein
[ɑ̃]	sans, vent
[ɔ̃]	bon, ombre
[œ̃]	lundi, brun

Semi-consonants

[j]	yeux, paille, pied
[w]	oui, nouer
[ɥ]	huile, lui

Consonants

[p]	père, soupe
[t]	terre, vite
[k]	cou, qui, sac, képi
[b]	bon, robe
[d]	dans, aide
[g]	gare, bague
[f]	feu, neuf, photo
[s]	sale, celui, ça, dessous, tasse, nation
[ʃ]	chat, tache
[v]	vous, rêve
[z]	zéro, maison, rose
[ʒ]	je, gilet, geôle
[l]	lent, sol
[R]	rue, venir
[m]	main, femme
[n]	nous, tonne, animal
[ɲ]	agneau, vigne
[h]	hop! (exclamative)
[']	haricot (no liaison)
[ŋ]	words borrowed from English: camping

Transcription phonétique de l'anglais

Voyelles et diphtongues

[iː]	bead, see
[ɑː]	bard, calm
[ɔː]	born, cork
[uː]	boon, fool
[ɜː]	burn, fern, work
[ɪ]	sit, pity
[e]	sel, less
[æ]	sat, apple
[ʌ]	fun, come
[ɒ]	fond, wash
[ʊ]	full, soot
[ə]	composer, above
[eɪ]	bay, fate
[aɪ]	buy, lie
[ɔɪ]	boy, voice
[əʊ]	no, ago
[aʊ]	now, plough
[ɪə]	tier, beer
[ɛə]	tare, fair
[ʊə]	tour

Consonnes

[p]	pat, pope
[b]	bat, baby
[t]	tab, strut
[d]	dab, mended
[k]	cot, kiss, chord
[g]	got, agog
[f]	fine, raffle
[v]	vine, river
[s]	pots, sit, rice
[z]	pods, buzz
[θ]	thin, maths
[ð]	this, other
[ʃ]	ship, sugar
[ʒ]	measure
[tʃ]	chance
[dʒ]	just, edge
[l]	little, place
[r]	ran, stirring
[m]	ram, mummy
[n]	ran, nut
[ŋ]	rang, bank
[h]	hat, reheat
[j]	yet, million
[w]	wet, bewail
[x]	loch

Divers

	Un caractère en italique représente un son qui peut ne pas être prononcé.
[r]	représente un [r] entendu s'il forme une liaison avec la voyelle du mot suivant.
[']	accent tonique
[ˌ]	accent secondaire

A, a [a] nm (lettre) A, a.

à [a] prép (avec le, les : **au, aux**) **(a)** (déplacement) to; (dans) into. **aller ~ Paris** to go to Paris; **entrez au salon** go into the lounge. **(b)** (position) at; (dans) in. **habiter ~ Paris** to live in Paris; **être ~ l'école** to be at school. **(c)** (temps) at; (date) on; (époque) in. **~ 6 heures** at 6 o'clock; **~ samedi!** see you on Saturday!; **au 19ᵉ siècle** in the 19th century. **(d)** (rapport) by, per; (approximation) to. **faire du 50 ~ l'heure** to do 50 km an ou per hour; **être payé au poids** to be paid by weight; **4 ~ 5 mètres** 4 to 5 metres; **gagner par 2 ~ 1** to win by 2 to 1. **(e)** (appartenance) of, to. **ce sac est ~ Peter** this bag is Peter's, this bag belongs to Peter; **un ami ~** elle a friend of hers. **(f)** (moyen) on, by, with. **aller ~ vélo** to go by bike; **aller ~ pied** to go on foot; **écrire qch au crayon** to write sth with a pencil ou in pencil; **ils l'ont fait ~ 3** they did it between the 3 of them. **(g)** (caractérisation) with. **robe ~ manches** dress with sleeves; **tasse ~ thé** tea cup. **(h)** (destination) for, to. **maison ~ vendre** house for sale; (dédicace) **~ ma sœur** to ou for my sister. **(i)** (conséquence) to; (hypothèse) from. **~ leur grande surprise** much to their surprise; **ce que j'ai compris** from what I understood.

abaissement [abɛsmɑ̃] nm (chute) fall, drop (de in); (abjection) degradation. ◆ **abaisser (1) — 1** vt **(a)** (niveau etc) to lower, bring down. **(b)** to humiliate. **— 2 s'abaisser** vpr **(a)** (température, taux) to fall, drop. **(b)** (s'humilier) to humble o.s. **s'~ à faire** to stoop to doing.

abandon [abɑ̃dɔ̃] nm (délaissement) abandonment; (manque de soin) neglected state; (Sport) withdrawal (de from). **laisser à l'~** to neglect; **parler avec ~** to talk freely ou without constraint.

abandonner [abɑ̃dɔne] (1) **— 1** vt **(gén)** to abandon; (personne) to desert; (technique, lutte) to give up; (course) to withdraw from. **~ qch à qn** to leave sth to sb; **usine abandonnée** disused factory. **— 2 s'abandonner** vpr to let o.s. go. **s'~ au désespoir** to give way to despair.

abasourdir [abazurdir] (2) vt to stun.

abat-jour [abaʒur] nm inv lampshade.

abats [aba] nmpl (volaille) giblets; (bœuf) offal.

abattage [abataʒ] nm (animal) slaughter; (arbre) felling.

abattant [abatɑ̃] nm flap (of table, desk).

abattement [abatmɑ̃] nm **(a)** (dépression) despondency; (fatigue) exhaustion. **(b)** (rabais) reduction; (fiscal) tax allowance.

abattoir [abatwar] nm slaughterhouse.

abattre [abatr(ə)] (41) **— 1** vt **(a)** (arbre) to cut down, fell; (mur) to knock down; (avion) to shoot down. **~ du travail** to get through a lot of work. **(b)** (tuer) (personne, fauve) to shoot; (chien) to destroy; (bœuf) to slaughter. **(c)** (physiquement) to exhaust; (moralement) to demoralize. **ne te laisse pas ~** don't let things get you down. **— 2 s'abattre** vpr to fall down. **(ennemi) s'~ sur qn** to swoop down on sb. ◆ **abattu, e** adj (fatigué) exhausted; (déprimé) demoralized.

abbaye [abei] nf abbey. ◆ **abbé** nm (abbaye) abbot; (prêtre) priest.

abc [abese] nm : **l'~ du métier** the rudiments of the job.

abcès [apsɛ] nm abscess.

abdication [abdikasjɔ̃] nf abdication. ◆ **abdiquer** vti to abdicate.

abdomen [abdɔmɛn] nm abdomen.

abeille [abɛj] nf bee.

aberrant, e [abɛrɑ̃, ɑ̃t] adj absurd. ◆ **aberration** nf aberration.

abêtir [abetir] (2) vt : **~ qn** to make sb stupid. ◆ **abêtissement** nm stupidity.

abhorrer [abɔre] (1) vt to abhor, loathe.

abîme [abim] nm gulf, chasm. **au bord de l'~** on the brink of ruin.

abîmer [abime] (1) vt to damage, spoil. **s'~** to get spoilt ou damaged.

abject, e [abʒɛkt] adj abject.

abjurer [abʒyre] (1) vt to abjure.

ablutions [ablysjɔ̃] nfpl ablutions.

abnégation [abnegasjɔ̃] nf abnegation.

aboiement [abwamɑ̃] nm (chien) bark.

abois [abwa] nmpl : **aux ~** at bay.

abolir [abɔlir] (2) vt to abolish. ◆ **abolition** nf abolition.

abominable [abɔminabl(ə)] adj abominable. ◆ **abominablement** [abɔminabləmɑ̃] adv abominably.

abondance [abɔ̃dɑ̃s] nf (profusion) abundance; (opulence) affluence. **des fruits en ~** fruit in plenty. ◆ **abondant, e** adj (réserves) plentiful; (chevelure) thick. **avec d'~es photographies** with numerous photographs. ◆ **abonder** (1) vi to be plentiful. **~ en** to be full of; **il abonda dans notre sens** he was in complete agreement with us.

abonné, e [abɔne] — **1** adj : **être ~ à** (journal) to subscribe to; (téléphone, gaz) to have. —

2 *nm/f* (*Presse, Télec*) subscriber; (*Élec, Gaz*) consumer. ◆ **abonnement** *nm* (*Presse*) sub-scription; (*Télec*) rental; (*Rail, Théât*) season ticket. ◆ **s'abonner** (1) *vpr* to subscribe (*à* for).

abord [abɔʀ] *nm* (a) (*environs*) ~s surround-ings; **aux** ~s **de** around. (b) (*accès*) approach; (*accueil*) manner. (c) **d'**~ first, in the first place; **au premier** ~ at first sight. ◆ **abor-dable** *adj* (*prix*) reasonable.

abordage [abɔʀdaʒ] *nm* (*assaut*) boarding; (*accident*) collision.

aborder [abɔʀde] (1) — **1** *vt* (*lieu*) to reach; (*personne*) to approach; (*sujet*) to tackle. — **2** *vi* (*Naut*) to land (*dans, sur* on).

aboutir [abutiʀ] (2) *vi* (a) (*réussir*) to succeed. **faire** ~ to bring to a successful conclusion. (b) ~ **à ou dans** (*lieu*) to end up in; (*désordre*) to result in; **il n'aboutira jamais à rien** he'll never get anywhere. ◆ **aboutissement** *nm* (*résultat*) outcome; (*succès*) success.

aboyer [abwaje] (8) *vi* to bark.

abrasif, -ive [abʀazif, iv] *adj, nm* abrasive.

abrégé [abʀeʒe] *nm* summary. **en** ~ in summary.

abréger [abʀeʒe] (3 et 6) *vt* (*gén*) to shorten; (*texte*) to abridge; (*mot*) to abbreviate.

abreuver [abʀœve] (1) — **1** *vt* (*animal*) to water. ~ **qn de** to shower sb with. — **2 s'abreuver** *vpr* to drink. ◆ **abreuvoir** *nm* drinking trough.

abréviation [abʀevjɑsjɔ̃] *nf* abbreviation.

abri [abʀi] *nm* (*cabane*) shelter; (*fig*) refuge (*contre* from). ~ **à vélos** bicycle shed; **mettre à l'**~ **se mettre à l'**~ to shelter (*de* from); **c'est à l'**~ (*de la pluie*) it's under shelter; (*du vol*) it's in a safe place.

abricot [abʀiko] *nm, adj inv* apricot. ◆ **abrico-tier** *nm* apricot tree.

abriter [abʀite] (1) — **1** *vt* (*protéger*) to shelter; (*héberger*) to accomodate. — **2 s'abriter** *vpr* to shelter (*de* from).

abrupt, e [abʀypt] *adj* abrupt.

abruti, e [abʀyti] *nm,f* idiot. ◆ **abrutir** (2) *vt* : ~ **qn** to make sb stupid. ◆ **abrutissant, e** *adj* (*bruit*) stunning; (*travail*) mind-destroying. ◆ **abrutissement** *nm* (*fatigue*) exhaustion; (*abêtissement*) stupidity.

absence [apsɑ̃s] *nf* absence (*de* of). ◆ **absent, e** — **1** *adj* (*gén*) absent (*de* from); (*distrait*) absent-minded; (*objet*) missing. — **2** *nm,f* missing person; (*en classe*) absentee. ◆ **s'ab-senter** (1) *vpr* : **s'**~ **d'un lieu** to leave a place.

absolu, e [apsɔly] *adj* absolute. **règle** ~**e** hard-and-fast rule. ◆ **absolument** *adv* absolutely. ~ **pas!** certainly not!

absolution [apsɔlysjɔ̃] *nf* absolution.

absorber [apsɔʀbe] (1) *vt* (*gén*) to absorb; (*aliment*) to take; (*firme*) to take over; (*atten-tion*) to occupy, take up, **être absorbé dans une lecture** to be absorbed in reading. ◆ **absor-bant, e** *adj* (*matière*) absorbent; (*tâche*) absorb-ing. ◆ **absorption** *nf* absorption.

absoudre [apsudʀ(ə)] (51) *vt* to absolve.

abstenir (s') [apstəniʀ] (22) *vpr* to abstain (*de* from doing). ◆ **abstention** *nf* abstention.

abstinence [apstinɑ̃s] *nf* abstinence.

abstraction [apstʀaksjɔ̃] *nf* abstraction. **faire** ~ **de** to disregard.

abstraire [apstʀɛʀ] (50) *vt* to abstract (*de* from). ◆ **abstrait, e** *adj* abstract.

absurde [apsyʀd(ə)] *adj* absurd. ◆ **absurdité** *nf* absurdity.

abus [aby] *nm* abuse, misuse. **faire** ~ **de** to overuse.

abuser [abyze] (1) — **1 abuser de** *vt indir* (*situation, victime*) to take advantage of; (*autorité, hospitalité*) to abuse; (*médicaments*) to overuse; (*plaisirs*) to overindulge in. **je veux pas** ~ **de votre temps** I don't want to waste your time; **tu abuses!** you're going too far! — **2** *vt* (*tromper*) to deceive. — **3 s'abu-ser** *vpr* (*erreur*) to be mistaken; (*illusions*) to delude o.s.

abusif, -ive [abyzif, iv] *adj* (*pratique*) improp-er; (*prix, punition*) excessive.

acabit [akabi] *nm* (*péj*) sort, type.

acacia [akasja] *nm* acacia.

académie [akademi] *nf* (a) (*société*) learned society. **l'A**~ **française** the French Academy; (*école*) ≈ regional education authority. (b) (*Univ*) ≈ regional education authority. ◆ **académicien, -ienne** *nm,f* academician. ◆ **académique** *adj* academic.

acajou [akaʒu] *nm, adj inv* mahogany.

acariâtre [akaʀjɑtʀ(ə)] *adj* cantankerous.

accablement [akɑblɑmɑ̃] *nm* (*abattement*) de-spondency; (*fatigue*) exhaustion. ◆ **accabler** (1) *vt* to overwhelm (*de* with). ~ **qn de travail** to overload sb with work.

accalmie [akalmi] *nf* (*gén*) lull (*de* in); (*fièvre*) respite.

accaparement [akapaʀmɑ̃] *nm* monopolizing. ◆ **accaparer** (1) *vt* (*gén*) to monopolize; (*temps*) to take up. ◆ **accapareur** *nm* monopo-lizer.

accéder [aksede] (6) *vi indir* : ~ **à** (*lieu*) to reach, get to; (*pouvoir*) to attain; (*grade*) to rise to; (*prière*) to grant.

accélérateur [akseleʀatœʀ] *nm* accelerator. ◆ **accélération** *nf* acceleration. ◆ **accélérer** [akseleʀe] (6) — **1** *vi* to speed up. — **2** *vi* to accelerate, speed up.

accent [aksɑ̃] *nm* (*prononciation, Orthographe*) accent; (*Phonétique*) stress. **e** ~ **grave** e grave; **e** ~ **aigu** e acute; ~ **circonflexe** circumflex; **met-tre l'**~ **sur** to stress. ~ **plaintif** plaintive tone. ◆ **accentuation** *nf* accentuation. ◆ **accentuer** (1) — **1** *vt* (*gén*) to accentuate; (*syllabe*) to stress; (*effort*) to intensify. — **2 s'accentuer** *vpr* to become more marked.

acceptable [aksɛptabl(ə)] *adj* (*condition*) acceptable; (*travail*) reasonable. ◆ **accepta-tion** *nf* acceptance. ◆ **accepter** (1) *vt* to accept. ~ **de faire** to agree to do.

acception [aksɛpsjɔ̃] *nf* meaning, sense.

accès [aksɛ] *nm* (a) (*action d'entrer*) access; (*porte*) entrance. ~ **interdit** no entry; **donner** ~ **à** to give access to. (b) (*colère, toux, folie*) fit; (*fièvre*) attack.

accessible [aksesibl(ə)] *adj* (*lieu*) accessible (*à* to); (*personne*) approachable; (*but*) attainable.

accession [aksesjɔ̃] *nf* : ~ **à** (*rang*) rise to; (*pouvoir*) attainment of.

accessit [aksesit] *nm* (*Scol*) ≈ certificate of merit.

accessoire [akseswaʀ] — **1** *adj* secondary, incidental. — **2** *nm* (*Théât*) prop; (*Aut*) acces-sory. ~**s de toilette** toilet requisites. ◆ **acces-**

soirement adv (si besoin est) if necessary. ◆ **accessoiriste** nmf property man (ou girl).
accident [aksidã] nm (gén) accident; (Aut, Aviat) crash. ~ **de terrain** undulation. ◆ **accidenté, e** — **1** adj (région) undulating; (véhicule) damaged. — **2** nmf casualty, injured person. ◆ **accidentel, -elle** adj accidental. ◆ **accidentellement** adv (par hasard) accidentally; (mourir) in an accident.
acclamation [aklamasjɔ̃] nf : ~s cheers. ◆ **acclamer** (1) vt to cheer, acclaim.
acclimatation [aklimatasjɔ̃] nf acclimatization. ◆ **acclimater** (1) vt to acclimatize.
accointances [akwɛ̃tãs] nfpl contacts, links.
accolade [akɔlad] nf (a) (étreinte) embrace. **donner l'~** to embrace. (b) (Typ) brace. ◆ **accoler** (1) vt to place side by side.
accommoder [akɔmɔde] (1) — **1** vt (a) (plat) to prepare (à, in, with). (b) (combiner) to combine; (adapter) to adapt. — **2 s'accommoder** vpr : s'~ **de** to put up with. ◆ **accommodant, e** adj accommodating.
accompagnateur, -trice [akɔ̃paɲatœʀ, tʀis] nmf (Mus) accompanist; (guide) guide; (Tourisme) courier. ◆ **accompagnement** nm (Mus) accompaniment. ◆ **accompagner** (1) vt to accompany. **du chou accompagnait le rôti** cabbage was served with the roast.
accomplir [akɔ̃pliʀ] (2) vt (gén) to do; (promesse, mission, exploit) to carry out, accomplish. ◆ **accompli, e** adj (expérimenté) accomplished. ◆ **accomplissement** nm accomplishment.
accord [akɔʀ] nm (a) (gén, Gram) agreement; (harmonie) harmony. **être d'~, se mettre d'~** to agree (avec with); **d'~!** all right!, O.K.!;* **en ~ avec le paysage** in keeping with the landscape. (b) (Mus) chord. ~ **parfait** triad.
accordéon [akɔʀdeɔ̃] nm accordion. **en ~*** (voiture) crumpled; (pantalon) wrinkled.
accorder [akɔʀde] (1) — **1** vt (donner) to give, grant; (concéder) to admit; (harmoniser) to match; (Mus) to tune. — **2 s'accorder** vpr to agree (avec with). **bien s'~ avec qn** to get on well with sb.
accoster [akɔste] (1) — **1** vt (personne) to accost. — **2** vi (Naut) to berth.
accotement [akɔtmã] nm (Aut) verge.
◆ **accoucher** (1) vi to give birth. ~ **d'un garçon** to give birth to a boy, have a boy. ◆ **accoucheur** nm obstetrician.
accouder (s') [akude] (1) vpr to lean (sur on). ◆ **accoudoir** nm armrest.
accoupler [akuple] (1) vt to couple.
accourir [akuʀiʀ] (11) vi to rush up, hurry (à, vers to).
accoutrement [akutʀəmã] nm getup*. ◆ **accoutrer** (1) vt to get up* (de in).
accoutumance [akutymãs] nf (habitude) habituation (à to); (besoin) addiction (à to). ◆ **accoutumer** (1) vt to accustom. s'~ **à faire** to get used ou accustomed to doing. ◆ **accoutumé, e** adj usual.
accréditer [akʀedite] (1) vt (rumeur) to substantiate; (personne) to accredit (auprès de to).
accroc [akʀo] nm (a) (tissu) tear (à in); (règle) breach (à of). **faire un ~ à qch** to tear sth. (b) (anicroche) hitch. **sans ~s** without a hitch.

accrochage [akʀɔʃaʒ] nm (Aut) collision; (Mil) engagement; (dispute) clash.
accrocher [akʀɔʃe] (1) — **1** vt (a) (tableau) to hang up (à on); (wagons) to couple (à to). (b) (fig : saisir, coincer) to catch. ~ **une voiture** to bump into a car. — **2** vi (fermeture éclair) to jam; (pourparlers) to come up against a hitch. **cette planche accroche** this board is rough. — **3 s'accrocher** vpr (se cramponner) to cling on; (se disputer) to have a clash (avec with). s'~ **à qch** to cling to sth. ◆ **accrocheur, -euse** adj (concurrent) tenacious; (slogan) catchy.
accroissement [akʀwasmã] nm increase (de in). ◆ **accroître** vt, **s'accroître** vpr (55) to increase.
accroupir (s') [akʀupiʀ] (2) vpr to squat, crouch. **accroupi** squatting, crouching.
accueil [akœj] nm (a) (visiteur) welcome; (sinistrés, idée) reception. (b) (hébergement) accommodation. ◆ **accueillant, e** adj welcoming. ◆ **accueillir** (12) vt (a) (aller chercher) to collect; (recevoir) to welcome; (héberger) to accommodate. ~ **par des huées** to greet with jeers. (b) (nouvelle) to receive.
acculer [akyle] (1) vt : ~ **qn à qch** to drive sb to sth; **nous sommes acculés** we're cornered.
accumulateur [akymylatœʀ] nm battery.
accumulation [akymylasjɔ̃] nf accumulation. ◆ **accumuler** vt, **s'accumuler** vpr (1) to accumulate.
accusateur, -trice [akyzatœʀ, tʀis] — **1** adj (regard) accusing. — **2** nmf accuser.
accusation [akyzasjɔ̃] nf (gén) accusation; (Jur) charge. (le procureur etc) **l'~** the prosecution; **mettre en ~** to indict; **mise en ~** indictment.
accuser [akyze] (1) — **1** vt (a) (gén) to accuse (de of); (blâmer) to blame (de for); (Jur) to charge (de with). (b) (contraste) to emphasize; (fatigue) to show. ~ **réception de qch** to acknowledge receipt of sth. — **2 s'accuser** vpr (tendance) to become more marked. ◆ **accusé, e** — **1** adj (marqué) marked. — **2** nmf accused; (procès) defendant. ~ **de réception** acknowledgement of receipt.
acerbe [asɛʀb(ə)] adj caustic, acid.
acéré, e [aseʀe] adj (pointe) sharp; (raillerie) cutting.
achalandé, e [aʃalɑ̃de] adj : **bien ~** (denrées) well-stocked; (clients) well-patronized.
acharné, e [aʃaʀne] adj (combat) fierce; (efforts, travailleur) relentless. ~ **contre** set against. ◆ **acharnement** nm fierceness; relentlessness. ◆ **s'acharner** (1) vpr : s'~ **contre qn** to hound sb; s'~ **à faire qch** to try desperately to do sth.
achat [aʃa] nm purchase. **faire l'~ de qch** to purchase ou buy sth; **faire des ~s** to go shopping.
acheminer [aʃmine] (1) vt to send. s'~ **vers** to head for.
acheter [aʃte] (5) vt to buy, purchase (au vendeur from the seller; pour qn for sb); (corrompre) to bribe. **je lui ai acheté une robe** I bought her a dress. ◆ **acheteur, -euse** nmf buyer.
achèvement [aʃɛvmã] nm completion.

achever [aʃve] (5) — **1** vt (gén) to finish, end; (blessé) to finish off; (cheval) to destroy. **ça m'a achevé!** it was the end of me! — **2 s'achever** vpr to end (par, sur with). ♦ **achevé, e** adj (parfait) perfect.

achopper [aʃɔpe] (1) vi : ~ **sur** to stumble over.

acide [asid] adj, nm acid. ♦ **acidité** nf acidity.

acier [asje] nm steel. ♦ **aciérie** nf steelworks.

acné [akne] nf : ~ **juvénile** teenage acne.

acolyte [akɔlit] nm (péj) associate.

acompte [akɔ̃t] nm (arrhes) deposit, down payment; (régulier) instalment; (sur salaire) advance.

à-côté [akote] nm (problème) side aspect; (argent) extra.

à-coup [aku] nm jolt. **par ~s** in fits and starts; **sans ~s** smoothly.

acoustique [akustik] — **1** adj acoustic. — **2** nf acoustics.

acquéreur [akerœr] nm buyer, purchaser. ♦ **acquérir** (21) vt (gén) to purchase, buy; (célébrité) to win; (valeur, expérience) to gain. ~ **la certitude de** to become certain of.

acquiescement [akjɛsmɑ̃] nm (approbation) approval, agreement; (consentement) acquiescence, assent. ♦ **acquiescer** (3) vi to approve, agree; to acquiesce, assent (à to).

acquis, e [aki, iz] — **1** adj (caractères) acquired; (fait) established. **tenir pour ~** to take for granted; **être ~ à un projet** to be strongly in favour of a plan. ♦ **acquisition** nf (savoir) experience. ♦ **acquisition** nf (savoir) acquisition; (objet) purchase.

acquit [aki] nm (Comm) receipt. **par ~ de conscience** to set my (ou his etc) mind at rest. ♦ **acquittement** [akitmɑ̃] nm (accusé) acquittal; (facture) payment. ♦ **acquitter** (1) vt to acquit; to pay. **s'~ de** (promesse, fonction) to fulfil, carry out.

âcre [akʀ(ə)] adj acrid, pungent.

acrobate [akʀɔbat] nmf acrobat. ♦ **acrobatie** nf acrobatic feat. **faire des ~s** to perform acrobatics. ♦ **acrobatique** adj acrobatic.

acte [akt(ə)] nm (gén, Théât) act; (notaire) deed. [état civil] certificate. **(b)** (Théât : intrigue) indictment; ~ **de vente** bill of sale; **faire ~ de candidature** to apply; **faire ~ de présence** to put in an appearance; **prendre ~ de** to take note of.

acteur [aktœʀ] nm actor.

actif, -ive [aktif, iv] — **1** adj (gén) active; (armée) regular. — **2** nm (Ling) active; (Fin) assets. **c'est à mettre à son ~** it is a point in his favour.

action [aksjɔ̃] nf **(a)** (gén, Jur, Mil) action, act. **bonne** ~ good deed; ~ **d'éclat** brilliant feat; **commettre une mauvaise** ~ to behave badly; **passer à l'**~ to go into action; **mettre qch en** ~ to put sth into action. **(b)** (Théât) plot. **(c)** (Fin) share. ~**s** shares, stocks.

actionnaire [aksjɔnɛʀ] nmf shareholder.

actionner [aksjɔne] (1) vt to activate.

activement [aktivmɑ̃] adv actively.

activer [aktive] (1) — **1** vt (travaux) to speed up; (feu) to stoke. — **2 s'activer** vpr (s'af-fairer) to bustle about; (* : se hâter) to get a move on.

activisme [aktivism(ə)] nm activism. ♦ **activiste** adj, nmf activist.

activité [aktivite] nf (gén) activity; (rue) bustle. **être en** ~ (usine) to be in operation; (volcan) to be active; (fonctionnaire) to be in active employment.

actrice [aktʀis] nf actress.

actualité [aktyalite] nf : **1** ~ **current events**; (nouvelles) **les** ~**s** the news (sg); **sujet d'**~ topical subject; (d'actualité) topical. ♦ **actuel, -elle** adj (présent) present; (d'actualité) topical. **à l'époque ~elle** nowadays. ♦ **actuellement** adv at present.

acuponcture [akypɔ̃ktyʀ] nf acupuncture.

adage [adaʒ] nm adage.

adaptable [adaptabl(ə)] adj adaptable. ♦ **adaptateur, -trice** nm,f adapter. ♦ **adaptation** nf adaptation. ♦ **adapter** (1) — **1** vt (gén) to adapt (à to); (Tech) ~ **qch à** to fit sth to. — **2 s'adapter** vpr (gén) to adapt (à to); (Tech) ~**elle à l'**à to fit.

addition [adisjɔ̃] nf (gén) addition; (facture) bill, check (US). ♦ **additionner** (1) vt to add up. ~ **qch à** to add sth to.

adéquat, e [adekwa, at] adj appropriate.

adhérence [aderɑ̃s] nf adhesion (à to). ♦ **adhérent, e** nm,f adherent. ♦ **adhérer à** (6) vt indir (surface) to stick to, adhere to; (club) to join, become a member of.

adhésif, -ive [adezif, iv] adj, nm adhesive.

adhésion [adezjɔ̃] nf (accord) adherence (à to). **(b)** (club) membership (à of).

adieu, pl ~x [adjø] excl, nm farewell, goodbye. **dire** ~ **à** to say goodbye to.

adjacent, e [adʒasɑ̃, ɑ̃t] adj adjacent (à to).

adjectif [adʒɛktif] nm adjective. ♦ **adjoindre** [adʒwɛ̃dʀ(ə)] (49) vt to add. ♦ **adjoint, e** nm,f assistant. ~ **au maire** deputy mayor. ♦ **adjonction** nf addition.

adjudant [adʒydɑ̃] nm warrant officer.

adjuger [adʒyʒe] (3) vt (enchères) to auction; (récompense) to award (à to). **adjugé, vendu!** going, going, gone!; **s'~ qch** * to grab sth.

adjuration [adʒyʀasjɔ̃] nf entreaty. ♦ **adjurer** (1) vt : ~ **qn de faire** to entreat sb to do.

admettre [admɛtʀ(ə)] (56) vt **(a)** (visiteur, nouveau membre) to admit; (erreur) to admit, acknowledge; (excuse, attitude) to accept; (par supposition) to suppose, assume. **c'est chose admise** it's an accepted fact; **règle qui n'admet pas d'exception** rule which admits of no exception; **il a été admis à l'examen** he passed the exam.

administrateur, -trice [administʀatœʀ, tʀis] nm,f administrator. ♦ **administratif, -ive** adj administrative. ♦ **administration** nf **(a)** (entreprise) management; (justice, remède) administration. ~**tif** running. **(b)** (service public) government department. **l'~ des Impôts** the tax office; (gouvernement) government. ~ **locale** local government.

administrer [administʀe] (1) vt **(a)** to manage, to run; (Jur) to govern. **(b)** (coup) to deal; (preuve) to produce.

admirable [admiʀabl(ə)] adj admirable. ♦ **admirateur, -trice** nm,f admirer. ♦ **admira-tif, -ive** adj admiring. ♦ **admiration** nf admiration. **faire l'~ de qn** to fill sb with admira-tion. ♦ **admirer** (1) vt to admire.

admis, e [admi, iz] *nm,f (Scol)* successful candidate. ◆ **admissible** *adj (conduite)* acceptable; *(postulant)* eligible (à for). ◆ **admission** *nf (club)* admission, entry; *(école)* acceptance, entrance (à to). **demande d'** ~ application (à to join).

adolescence [adolesɑ̃s] *nf* adolescence. ◆ **adolescent, e** *nm,f* adolescent, teenager.

adonner (s') [adɔne] (1) *vpr* : s'~ à *(études)* to devote o.s. to; *(vice)* to take to.

adopter [adɔpte] (1) *vt* to adopt. ◆ **adoptif, -ive** *adj (enfant)* adopted; *(parent)* adoptive. ◆ **adoption** *nf* adoption.

adorable [adɔʀabl(ə)] *adj* adorable, delightful. ◆ **adorateur, -trice** *nm,f* worshipper. ◆ **adoration** *nf* adoration, worship. **être en** ~ **devant** to adore, worship. ◆ **adorer** (1) *vt* to adore, worship.

adosser [adose] (1) *vt* : ~ **qch à** to stand sth against; **s'~ contre qch** to lean against sth.

adoucir [adusiʀ] (2) — **1** *vt (gén)* to soften; *(avec sucre)* to sweeten; *(conditions pénibles)* to ease. — **2 s'adoucir** *vpr* to soften; *(température)* to get milder; *(pente)* to become gentler. ◆ **adoucissement** *nm* softening; easing. **un** ~ **de la température** a spell of milder weather. ◆ **adoucisseur** *nm* : ~ **d'eau** water softener.

adresse [adʀɛs] *nf (●) (domicile)* address. **à l'**~ **de** for the attention of. **(b)** *(manuelle)* deftness, skill; *(subtilité)* shrewdness, skill. **jeu d'**~ game of skill.

adresser [adʀese] (1) — **1** *vt (lettre)* to send; *(remarque, requête)* to address; *(compliment)* to pay; *(sourire)* to give (à to); *(reproche)* to aim (à to). ~ **la parole à qn** to address sb. — **2 s'adresser** *vpr* : s'~ à *(interlocuteur)* to speak to, address; *(responsable)* to apply to; *(bureau)* to go and see; **livre qui s'adresse aux femmes** book written for women.

adroit, e [adʀwa, wat] *adj (manuellement)* skilful, deft; *(subtil)* shrewd. ~ **de ses mains** clever with one's hands.

adulte [adylt(ə)] — **1** *adj (personne)* adult; *(animal, plante)* fully-grown. — **2** *nmf* adult, grown-up.

adultère [adyltɛʀ] — **1** *adj ; femme* ~ adulteress; **homme** ~ adulterer. — **2** *nm* adultery.

advenir [advəniʀ] (22) *vb impers* **(a)** *(survenir)* ~ **que** to happen that; **il m'advint de l'** happened to; **advienne que pourra** come what may. **(b)** *(devenir)* ~ **de** to become of.

adverbe [advɛʀb(ə)] *nm* adverb. ◆ **adverbial, e** *mpl* **-aux** *adj* adverbial.

adversaire [advɛʀsɛʀ] *nmf* opponent, adversary. ◆ **adverse** *adj (forces)* opposing; *(sort)* adverse. ◆ **adversité** *nf* adversity.

aération [aeʀasjɔ̃] *nf* ventilation.

aérer [aeʀe] (6) *vt (pièce)* to air; *(présentation)* to lighten. **pièce aérée** airy room; **s'**~ to get some fresh air.

aérien, -ienne [aeʀjɛ̃, jɛn] *adj (gén)* air; *(photographie)* aerial; *(câble)* overhead; *(démarche)* light.

aéro [aeʀo] *préf* : **aéro-club** *nm* flying club. ◆ **aérodrome** *nm* airfield. ◆ **aérodynamique** *adj* streamlined, aerodynamic. ◆ **aérogare** *nf (aéroport)* airport; *(en ville)* air terminal. ◆ **aéroglisseur** *nm* hovercraft. ◆ **aéro-**

nautique *nf* aeronautics *(sg)*. ◆ **aéroplane** *nm* aeroplane, airplane *(US)*. ◆ **aéroport** *nm* airport. ◆ **aérosol** *nm* aerosol.

affabilité [afabilite] *nf* affability. ◆ **affable** *adj* affable.

affaiblir *vt*, **s'affaiblir** *vpr* [afeblir] (2) to weaken. ◆ **affaiblissement** *nm* weakening.

affaire [afɛʀ] *nf* **(a)** *(gén : histoire)* matter, business; *(Jur : procès)* case; *(firme, boutique)* business; *(transaction)* deal, bargain. **une bonne** ~ a good deal *ou* bargain; **c'est l'**~ **de quelques minutes** it'll only take a minute; **ce n'est pas ton** ~ it's none of your business. **(b)** ~**s** *gén, Pol)* affairs; *(commerce)* business; *(habits, objets)* things, belongings; **venir pour** ~**s** to come on business. **(c) avoir** ~ **à** *(cas)* to be faced with; *(personne)* to speak to; **tu auras** ~ **à moi!** you'll be hearing from me!; **être à son** ~ to be in one's element; **ce n'est pas une** ~ it's nothing to get worked up about; **faire** ~ **avec qn** to make a bargain *ou* deal with sb; **j'en fais mon** ~ I'll deal with that; **ça fait mon** ~ that's just what I need; **cela ne fait rien à l'**~ that's got nothing to do with it; **il en a fait une** ~ **d'état*** he made a great issue of it; **il m'a tiré d'**~ he helped me out.

affairement [afɛʀmɑ̃] *nm* bustling activity. ◆ **s'affairer** (1) *vpr* to bustle about *(à faire* doing). **être affairé** to be busy.

affaissement [afɛsmɑ̃] *nm* subsidence. ◆ **s'affaisser** (1) *vpr (sol)* to subside; *(poutre)* to sag; *(plancher)* to cave in; *(s'écrouler)* to collapse.

affaler (s') [afale] (1) *vpr* to slump down.

affamé, e [afame] *adj* starving. ◆ **affamer** (1) *vt* to starve.

affectation [afɛktasjɔ̃] *nf* **(a)** *(immeuble, somme)* allocation *(à* to, for). **(b)** *(nomination)* appointment; *(à une région)* posting. **(c)** *(simulation)* affectation.

affecter [afɛkte] (1) *vt* **(a)** *(feindre)* to affect. ~ **de faire** to pretend to do. **(b)** *(destiner)* to allocate *(à* to, for). **(c)** *(nommer)* to appoint *(à* to). **(d)** *(émouvoir)* to affect, move; *(concerner)* to affect.

affectif, -ive [afɛktif, iv] *adj (gén)* affective; *(vie)* emotional. ◆ **affection** *nf* **(a)** *(tendresse)* affection. **avoir de l'**~ **pour** to be fond of. **(b)** *(maladie)* disease. ◆ **affectionner** (1) *vt* to be fond of. ◆ **affectivité** *nf* affectivity. ◆ **affectueux, -euse** *adj* affectionate. ◆ **affectueusement** *adv* affectionately.

affermir [afɛʀmiʀ] (2) *vt* to strengthen. ◆ **affermissement** *nm* strengthening.

affiche [afiʃ] *nf* poster; *(Théât)* play bill; *(officielle)* public notice. *(Théât)* **tenir longtemps l'**~ to have a long run. ◆ **afficher** (1) *vt (résultat)* to stick up; *(Théât)* to bill; *(émotion, vice)* to display.

affilé, e [afile] — **1** *adj* sharp. — **2** *nf* : **d'**~**e** in a row. ◆ **affiler** (1) *vt* to sharpen.

affiliation [afiljasjɔ̃] *nf* affiliation. ◆ **affilié, e** *nm,f* affiliated member. ◆ **s'affilier** (7) *vpr* to become affiliated (à to).

affiner [afine] (1) *vt (gén)* to refine; *(sens)* to sharpen.

affinité [afinite] *nf* affinity.

6

affirmatif, -ive [afirmatif, iv] *adj*, affirmative. **il a été ~** he was quite positive. ◆ **affirmation** *nf* assertion.

affirmer [afirme] (1) *vt (fait, volonté)* to maintain, assert; *(autorité, talent)* to assert. **pouvez-vous l~?** can you swear to it *ou* be positive about it?

affleurer [aflœre] (1) — **1** *vi* to show on the surface. — **2** *vt (Tech)* to make flush.

affliction [afliksjɔ̃] *nf* affliction.

affliger [afliʒe] (3) *vt* to distress. **être affligé de** to be afflicted with.

affluence [aflyɑ̃s] *nf* crowd. **heure d'~** peak *ou* rush hour.

affluent [aflyɑ̃] *nm* tributary.

affluer [aflye] (1) *vi (sang)* to rush; *(foule)* to flock (à, vers to); *(lettres, argent)* to flood in. ◆ **afflux** *nm (fluide)* rush; *argent, foule)* influx.

affolant, e [afolɑ̃, ɑ̃t] *adj* alarming. ◆ **affolé, e** *adj* panicstricken. **je suis ~ de voir ça*** I'm appalled at that. ◆ **affolement** *nm* panic. **pas d'~!** don't panic! ◆ **affoler** (1) — **1** *vt* to throw into a panic. — **2 s'affoler** *vpr* to panic.

affranchir [afrɑ̃ʃir] (2) *vt (lettre)* to stamp; *(à la machine)* to frank; *(esclave, esprit)* to free *(de* from). ◆ **affranchissement** *nm* stamping; franking; freeing; *(prix payé)* postage.

affres [afr] *nfpl* : **les ~ de** the pangs of.

affréter [afrete] (6) *vt* to charter.

affreusement [afrøzmɑ̃] *adv* horribly, dreadfully, awfully. ◆ **affreux, -euse** *adj (laid)* hideous, ghastly; *(abominable)* dreadful, awful.

affrioler [afrijole] (1) *vt* to tempt.

affront [afrɔ̃] *nm* affront.

affrontement [afrɔ̃tmɑ̃] *nm* confrontation.◆ **affronter** (1) *vt (adversaire, danger)* to confront, face; *(mort, froid)* to brave.

affubler [afyble] (1) *vt* : **~ qn de** *(vêtement)* to rig sb out in; *(nom)* to give sb.

affût [afy] *nm* : **~ de canon** gun carriage; **chasser à l'~** to lie in wait for game; **être à l'~ de qch** to be on the look-out for sth.

affûter [afyte] (1) *vt* to sharpen.

afin [afɛ̃] *prép* : **~ de** to, in order to. ◆ **~ que** + *subj* so that, in order that.

africain, -aine [afrikɛ̃, ɛn] *adj*, **A ~, -aine** *nm,f* African. ◆ **Afrique** [afrik] *nf* Africa.

agacement [agasmɑ̃] *nm* irritation. ◆ **agacer** (3) *vt* to irritate.

âge [ɑʒ] *nm* age. **quel ~ avez-vous?** how old are you?; **d'un ~ avancé** elderly; **d'~ moyen** middle-aged; **il a pris de l'~** he has aged; **j'ai passé l'~ de le faire** I'm too old to do it; **être en ~ de** to be old enough to do it; **à un ~ ingrat** the awkward age; **l'~ adulte** adulthood; **l'~** maturity, middle age. ◆ **âgé, e** *adj* : **être ~** to be old; **être ~ de 9 ans** to be 9 years old; **enfant ~ de 4 ans** 4 year-old child; **dame ~e** elderly lady.

agence [aʒɑ̃s] *nf (succursale)* branch; *(bureaux)* offices; *(organisme)* agency. **~ immobilière** estate agent's office; **~ de presse** news agency.

agencement [aʒɑ̃smɑ̃] *nm (disposition)* arrangement; *(équipement)* equipment. ◆ **agencer** (3) *vt* to arrange; to equip.

agenda [aʒɛ̃da] *nm* diary.

agenouiller (s') [aʒnuje] (1) *vpr* to kneel. **être agenouillé** to be kneeling.

agent [aʒɑ̃] *nm (gén)* agent; *(de police)* policeman. **pardon monsieur l'~** excuse me, officer; **~ d'assurances** insurance agent; **~ de change** stockbroker.

agglomération [aglɔmerasjɔ̃] *nf (ville)* town. **l'~ parisienne** Paris and its suburbs.

aggloméré [aglɔmere] *nm (bois)* chipboard.

aggravation [agravasjɔ̃] *nf (situation)* worsening; *(impôt, chômage)* increase. ◆ **aggraver** (1) — **1** *vt* to make worse. — **2 s'aggraver** *vpr* to get worse; to increase.

agile [aʒil] *adj* agile, nimble. ◆ **agilité** *nf* agility, nimbleness.

agir [aʒir] (2) — **1** *vi (gén)* to act; *(se comporter)* to behave *(envers towards)*. — **2 s'agir** *vb impers* **(a)** *(il est question de)* **il s'agit d'un temple grec** it is a Greek temple; **de quoi s'agit-il?** what's it about?; **il ne s'agit pas d'argent** it's not a question of money; **les livres dont il s'agit** the books in question. **(b)** *(il est nécessaire de faire)* **il s'agit pour lui de réussir** what he has to do is succeed.

agissements [aʒismɑ̃] *nmpl (péj)* schemes.

agitateur, -trice [aʒitatœr, tris] *nm,f* agitator. ◆ **agitation** [aʒitasjɔ̃] *nf (nervosité)* restlessness; *(inquiétude)* agitation; *(rue)* bustle; *(Pol)* unrest. ◆ **agité, e** *adj* **(a)** *(remuant)* restless; *(trouble)* troubled; *(mer)* rough; *(vie)* hectic; *(époque)* troubled; *(nuit)* restless. ◆ **agiter** (1) — **1** *vt* **(a)** *(secouer)* to shake; *(bras)* to wave; *(menace)* to brandish. **(b)** *(inquiéter)* to trouble, worry. — **2 s'agiter** *vpr (malade)* to toss restlessly; *(élève)* to fidget; *(foule)* to stir.

agneau, pl ~x [aɲo] *nm* lamb; *(fourrure)* lambskin.

agonie [agɔni] *nf* death throes. **être à l'~** to be at death's door. ◆ **agoniser** (1) *vi* to be dying.

agrafe [agraf] *nf (vêtement)* hook; *(papiers)* staple; *(Méd)* clip. ◆ **agrafer** (1) *vt* to hook up; to staple. ◆ **agrafeuse** *nf* stapler.

agrandir [agrɑ̃dir] (2) — **1** *vt (gén)* to widen; *(firme)* to expand; *(photographie)* to enlarge; *(maison)* **faire ~** to extend. — **2 s'agrandir** *vpr (famille, entreprise)* to expand; *(écart)* to widen; *(trou)* to get bigger. ◆ **agrandissement** *nm (local)* extension; *(ville)* expansion; *(Phot)* enlargement.

agréable [agreabl(ə)] *adj* pleasant, agreeable, nice. **pour lui être ~** in order to please him. ◆ **agréablement** *adv* pleasantly, agreeably.

agréer [agree] (1) *vt* to accept. **veuillez ~ mes sincères salutations** yours sincerely; **fournisseur agréé** registered dealer; **si cela vous agrée** if it suits you.

agrément [agremɑ̃] *nm* **(a)** *(charme)* attractiveness, pleasantness; **voyage d'~** pleasure trip. **(b)** *(accord)* assent. ◆ **agrémenter** (1) *vt* to embellish. **~ qch de** to accompany sth with.

agrès [agrɛ] *nmpl (Naut)* tackle; *(Sport)* gymnastics apparatus.

agresser [agrese] (1) *vt* to attack. ◆ **agresseur** *nm* attacker. ◆ **agressif, -ive** *adj* aggressive. ◆ **agression** *nf* attack. ◆ **agressivité** *nf* aggressiveness.

agricole [agrikɔl] *adj* agricultural; *(ouvrier, produits)* farm; *(population)* farming. ◆ **agriculteur** *nm* farmer. ◆ **agriculture** *nf* agriculture, farming.

agripper [agripe] (1) vt to grab ou clutch hold of. **s'~ à qch** to clutch ou grip sth.

agronome [agrɔnɔm] nm agronomist.

agrumes [agrym] nmpl citrus fruits.

aguerrir [agerir] (2) vt to harden (*contre* against). **troupes aguerries** seasoned troops.

aguets [age] nmpl : **aux ~** on the look-out.

ahuri, e [ayri] — 1 adj (*stupéfait*) stunned, staggered; (*stupide*) stupefied. — 2 nm,f (*péj*) blockhead*. ◆ **ahurissant, e** adj staggering. ◆ **ahurissement** nm stupefaction.

aide [εd] — 1 nf help, assistance, aid. **crier à l'~** to shout for help; **venir en ~ à qn** to help sb; **à l'~ de** with the help ou aid of. — 2 nmf assistant. **~ de camp** aide-de-camp.

aider [εde] (1) — 1 vt to help. **je me suis fait ~ par ou de mon frère** I got my brother to help ou assist me; **aidé de sa canne** with the help ou aid of her walking stick. — 2 **s'aider** vpr : **s'~ de** to use.

aïe [aj] excl ouch!

aïeul [ajœl] nm grandfather. ◆ **aïeule** nf grandmother. ◆ **aïeux** [ajø] nmpl forefathers.

aigle [εgl(ə)] nmf eagle. **ce n'est pas un ~*** he's no genius.

aigre [εgr(ə)] adj (*goût*) sour; (*son*) sharp; (*vent*) bitter, keen; (*critique*) harsh. **~ doux** bitter-sweet. ◆ **aigreur** nf (*goût*) sourness; (*ton*) sharpness. **~s d'estomac** heartburn. ◆ **aigrir** (2) — 1 vt (*personne*) to embitter. — 2 **s'aigrir** vpr (*aliment*) to turn sour.

aigu, -uë [egy] adj (*son*) high-pitched, shrill; (*Mus*) high; (*douleur*) acute, sharp; (*pointe*) sharp, pointed.

aiguillage [egɥijaʒ] nm (*instrument*) points, switch (US).

aiguille [egɥij] nf (*gén*) needle; (*horloge*) hand; (*balance*) pointer. ◆ **de pin** pine needle.

aiguiller [egɥije] (1) vt to direct, steer (*vers* towards). (*Rail*) to shunt, switch (US). ◆ **aiguilleur** nm pointsman, switchman (US).

aiguillon [egɥijɔ̃] nm (*insecte*) sting. ◆ **aiguillonner** (1) vt (*fig*) to spur on.

aiguiser [egɥize] (1) vt (*outil*) to sharpen; (*appétit*) to whet.

ail, pl **~s, aulx** [aj,o] nm garlic.

aile [εl] nf (*gén*) wing; (*moulin*) sail; (*hélice*) blade. **donner des ~s** to lend wings. ◆ **aileron** nm (*raie*) fin; (*avion*) aileron. ◆ **ailette** nf blade. ◆ **ailier** nm winger.

ailleurs [ajœr] adv somewhere else, elsewhere. **nulle part ~** nowhere else; **par ~** (*autrement*) otherwise; (*en outre*) moreover; **d'~** (*de plus*) moreover; (*entre parenthèses*) by the way.

aimable [εmabl(ə)] adj kind, nice (*envers* to). **c'est très ~ à vous** it's most kind of you; ◆ **aimablement** adv kindly, nicely.

aimant¹, e [εmɑ̃, ɑ̃t] adj loving, affectionate.

aimant² [εmɑ̃] nm magnet. ◆ **aimanté, e** adj magnetic. ◆ **aimanter** (1) vt to magnetize.

aimer [eme] (1) — 1 vt (*amour*) to love, be in love with; (*amitié, goût*) to like, be fond of. **je n'aime pas beaucoup cet acteur** I'm not very keen on that actor; **elle n'aime pas qu'il sorte le soir** she doesn't like him to go out at night; **elle aimerait mieux des livres** she would rather have books; **j'aimerais autant le faire** I'd just as soon do it. — 2 **s'aimer** vpr to be in love, love each other.

aine [εn] nf groin (*Anat*).

aîné, e [ene] — 1 adj (*entre 2*) elder, older; (*plus de 2*) eldest, oldest. — 2 nm,f eldest child. **il est mon ~ de 2 ans** he's 2 years older than me.

ainsi [ɛ̃si] adv (*de cette façon*) **ça s'est passé ~** it happened in this way ou like this; (*donc*) **tu vas partir!** so, you're going to leave!; **~ que je le disais** just as I said; **sa beauté ~ que sa candeur** her beauty as well as her innocence; **pour ~ dire** so to speak, as it were; **et ~ de suite** and so on (and so forth).

air¹ [εr] nm (a) (*gaz, espace*) air; (*vent*) breeze; (*courant d'air*) draught. **avec ~ conditionné** with air conditioning; **sans ~** stuffy; **l'~ libre** the open air; **mettre la literie à l'~** to air the bedclothes; **sortir prendre l'~** to go out for a breath of fresh air; **regarde en l'~** look up; (*idée*) **être dans l'~** to be in the air; **flanquer en l'~*** (*jeter*) to chuck away*; (*gâcher*) to mess up*; **en l'~** (*paroles*) idle, empty; (*en désordre*) upside down. (b) (*expression*) look, air. **ça m'a l'~ d'un mensonge** it sounds to me like a lie, **elle a l'~ intelligente** she looks ou seems intelligent; **il a eu l'~ de ne pas comprendre** he didn't seem to understand. (c) (*opéra*) aria; (*mélodie*) tune, air.

aire [εr] nf (*gén, Math*) area. **~ de lancement** launching site.

aisance [εzɑ̃s] nf (*facilité*) ease; (*richesse*) affluence.

aise [εz] nf joy, pleasure. **être à l'~** (*situation*) to feel at ease; (*confort*) to feel comfortable; (*richesse*) to be comfortably off; **mal à l'~** ill at ease; uncomfortable; **mettez-vous à l'~** make yourself at home ou comfortable; **à votre ~!** please yourself!; **aimer ses ~s** to be fond of one's creature comforts. ◆ **aisé, e** adj (*facile*) easy; (*riche*) well-to-do. ◆ **aisément** adv easily.

aisselle [εsεl] nf armpit.

ajonc [aʒɔ̃] nm : **~(s)** gorse.

ajournement [aʒurnəmɑ̃] nm (*gén*) adjournment; (*décision*) deferment; (*candidat*) failing. ◆ **ajourner** (1) vt to adjourn (*d'une semaine* for a week); to defer; to fail.

ajout [aʒu] nm addition. ◆ **ajouter** — 1 vt to add. **~ foi aux dires de qn** to believe sb's statements. — 2 **ajouter à** vi indir. **s'ajouter à** vpr to add to.

ajustage [aʒystaʒ] nm (*Tech*) fitting. ◆ **ajustement** nm (*prix*) adjustment. ◆ **ajuster** (1) — 1 vt (*adapter*) to adjust; (*cible*) to aim at. **~ qch à** to fit sth to; **robe ajustée** close-fitting dress. — 2 **s'ajuster** vpr (*s'emboîter*) to fit (together).

alarme [alarm(ə)] nf alarm. **donner l'~** to give the alarm. ◆ **alarmer** (1) — 1 vt to alarm. — 2 **s'alarmer** vpr to become alarmed (*de* about, at).

albâtre [albɑtr(ə)] nm alabaster.

albatros [albatros] nm albatross.

albinos [albinos] nmf, adj inv albino.

album [albɔm] nm album. **~ à colorier** colouring book.

albumine [albymin] nf albumin.

alchimie [alʃimi] nf alchemy. ◆ **alchimiste** nm alchemist.

alcool [alkɔl] nm : **de l'~** (*gén*) alcohol; (*eau de vie*) spirits; **~ à 90°** surgical spirit; **~ de prune**

plum brandy. ◆ alcoolique adj; nmf alco-holic. ◆ alcoolisme nm alcoholism. ◆ alcoo-

alcôve [alkov] nf alcove.

aléa [alea] nm hazard, risk. ◆ aléatoire adj (incertain) uncertain; (risqué) chancy, risky.

alentour [alɑ̃tuʀ] adv: ~ (de) around, round about. ◆ alentours nmpl (ville) neighbour-hood. aux ~ de Dijon in the vicinity ou neighbourhood of Dijon; aux ~ de 8 heures round about 8 o'clock.

alerte [alɛʀt(ə)] — 1 adj (personne) agile; (esprit) alert, agile; (style) brisk. — 2 nf alert, alarm; (Méd etc: avertissement) warning sign. donner l'~ à qn to alert sb; ~ aérienne air raid warning; ~! watch out! ◆ alerter (1) vt (donner l'alarme) to alert; (informer) to inform, notify; (prévenir) to warn.

alezan, e [alzɑ̃, an] adj, nm,f chestnut (horse).

algèbre [alʒɛbʀ(ə)] nf algebra. ◆ algébrique adj algebraic.

Algérie [alʒeʀi] nf Algeria. ◆ algérien, -ienne adj, nm,f Algerian.

algue [alg(ə)] nf: ~(s) seaweed.

alibi [alibi] nm alibi.

aliénation [aljenɑsjɔ̃] nf (gén) alienation; (Méd) derangement. ◆ aliéné, e nm,f mental patient. ◆ aliéner vt, s'aliéner vpr to alienate.

alignement [alinmɑ̃] nm alignment, être à l'~ to be in line. ◆ aligner (1) — 1 vt (gén) to line up; (chiffres) to string together. ~ sa politique etc sur to bring one's policies etc into line with. — 2 s'aligner vpr: s'~ sur un pays to align o.s. with a country.

alinéa [alinea] nm paragraph.

aliment [alimɑ̃] nm: ~(s) food. ◆ alimentaire adj (besoins) food.

alimentation [alimɑ̃tɑsjɔ̃] nf (action) feeding; (régime) diet; (métier) food trade; (rayon) groceries; magasin d'~ grocery store; l'~ en eau des villes supplying water to towns. ◆ ali-menter (1) — 1 vt (gén) to feed (moteur, ville); (personne) to feed. — 2 s'alimenter vpr to eat.

aliter (s') [alite] (1) vpr to take to one's bed. ◆ alité, e confined to bed.

allaiter [alete] (1) vt (femme) to breast-feed; (animal) to suckle. ◆ allaitement [alɛtmɑ̃] nm feeding.

allant [alɑ̃] nm (dynamisme) drive.

allécher [aleʃe] (6) vt to tempt.

allée [ale] nf (gén) path; (parc) walk; (large) avenue; (cinéma, bus) aisle. leurs ~s et venues their comings and goings.

alléger [aleʒe] (6 et 3) vt to lighten.

allégorie [alegɔʀi] nf allegory.

allègre [alɛgʀ(ə)] adj (gai) cheerful; (vif) lively. ◆ allégresse nf elation, exhilaration.

alléguer [alege] (6) vt (prétexte) to put forward. il allégua que... he argued that...

Allemagne [alman] nf Germany. ◆ allemand, e adj, nm, A~, e nm,f German.

aller [ale] (9) — 1 vi (a) (gén) to go. ~ et venir to come and go; ~ à Paris to go to Paris; ~ sur ses 8 ans to be nearly 8. (b) (santé) comment allez-vous?* how are you? — I'm fine; ça va* how are you?; ça va mieux I'm feeling better; ça va les affaires?* how are you getting on?; ça va mal (santé) I'm not well; (situation) things aren't going too well; ta pendule va bien? is your clock right? (c) (convenir) ~ à qn (climat) to agree with sb; (plan, genre) to suit sb; (costume) to fit sb. bien avec to go well with; ces ciseaux ne vont pas these scissors won't do, ou are no good; comment tu y vas! you're going a bit far!; ~ de soi to be self-evident ou obvious; cela va sans dire it goes without saying; il en va de même pour les autres the same applies to the others; il y a de votre vie your life is at stake. — 2 vb aux (+ infin) (a) (futur immé-diat) to be going to. ils allaient commencer they were going to ou about to start. (b) ~ chercher qch to go and do sth; il est allé me chercher mes lunettes he went to get my glasses. — 3 s'en aller vpr (a) (partir) to go away; leave; (mourir) to die; (prendre sa retraite) to retire. ils s'en vont à Paris they are going to Paris. (b) (tache) to come off. — 4 nm (trajet) outward journey; (billet) single ou one-way (US) ticket. je ne fais que l'~-retour I'm just going there and back; prendre un ~-retour (US) ticket.

allergie [alɛʀʒi] nf allergy. ◆ allergique adj allergic (à to).

alliage [aljaʒ] nm alloy.

alliance [aljɑ̃s] nf (Pol) alliance; (mariage) marriage; (bague) wedding ring; (mélange) combination. oncle par ~ uncle by marriage. ◆ allié, e — 1 adj allied. — 2 nm,f ally. ◆ allier (7) — 1 vt to combine, unite; (Pol) ... vpr (efforts) to combine, unite; (Pol) to become allied (à to).

alligator [aligatɔʀ] nm alligator.

allô [alo] excl (Téléc) hullo!

allocation [alɔkɑsjɔ̃] nf (a) (V allouer) alloca-tion, granting. (b) (somme) allowance. ~ de chômage unemployment benefit; ~s familiales child benefits.

allocution [alɔkysjɔ̃] nf short speech.

allongement [alɔ̃ʒmɑ̃] nm lengthening.

allonger [alɔ̃ʒe] (3) — 1 vt (rendre plus long) to lengthen; (étendre) to stretch out; (Culin) (sauce) to thin. — 2 s'allonger vpr (a) (ombres, jours) to lengthen; (enfant) to grow taller; (discours) to drag on. (b) (s'étendre) to lie down. ◆ allongé, e adj (étendu) être ~ to be lying; ~ sur son lit lying on one's bed.

allouer [alwe] (1) vt (gén) to allocate; (indem-nité) to grant; (temps) to allow, allocate.

allumage [alymaʒ] nm (Aut) ignition.

allume-cigare [alymsigaʀ] nm inv cigar lighter.

allume-gaz [alymgaz] nm inv gas lighter (for cooker).

allumer [alyme] (1) — 1 vt (feu) to light. (électricité) to switch on ou turn on. laisse la lumière allumée leave the light on. — 2 s'allu-mer vpr (incendie) to flare up; (guerre) to break out. où est-ce que ça s'allume? where do you switch it on?

allumette [alymɛt] nf match.

allure [alyʀ] nf (a) (vitesse) (véhicule) speed; (piéton) pace. à toute ~ at top ou full speed. (b) (démarche) walk; (attitude) look, appear-ance. d'~ bizarre odd-looking.

allusion [alyzjɔ̃] nf allusion (à to), hint (à at). faire ~ à to allude to, hint at.

aloi [alwa] *nm* : **de bon ~** wholesome; **de mauvais ~** unwholesome. ◆ **alors** [alɔʀ] *adv* then. **~ que** *(simultanéité)* while, when; *(opposition)* whereas; **il pleut — et ~?** it's raining — so what?

alouette [alwɛt] *nf* skylark.

alourdir [aluʀdiʀ] (2) — **1** *vt (gén)* to make heavy; *(impôts)* to increase. — **2 s'alourdir** *vpr* to get heavy. ◆ **alourdissement** *nm* heaviness; *(impôts)* increase *(de in)*.

Alpes [alp(ə)] *nfpl* : **les ~** the Alps.

alphabet [alfabɛ] *nm* alphabet. ◆ **alphabétique** *adj* alphabetical.

alpin, e [alpɛ̃, in] *adj* alpine. ◆ **alpinisme** *nm* mountaineering, climbing. ◆ **alpiniste** *nmf* mountaineer, climber.

altération [alteʀasjɔ̃] *nf (gén)* change, alteration; *(texte, vérité, visage)* distortion; *(santé, relations)* deterioration; *(Mus)* accidental.

altercation [altɛʀkasjɔ̃] *nf* altercation.

altérer [alteʀe] (6) — **1** *vt* **(a)** *(modifier)* to change, alter; *(vérité etc)* to distort; *(denrées)* to spoil. **(b)** *(assoiffer)* to make thirsty. — **2 s'altérer** *vpr (nourriture)* to go off; *(santé, relations)* to deteriorate; *(voix)* to break; *(vin)* to spoil.

alternance [altɛʀnɑ̃s] *nf* alternation. **être en ~** to alternate.

alternatif, -ive [altɛʀnatif, iv] — **1** *adj* alternate; *(Élec)* alternating. — **2** *nf* alternative. ◆ **alternativement** *adv* alternately. ◆ **alterné, e** *adj* alternate. ◆ **alterner** (1) *vt* to alternate *(avec with)*.

altesse [altɛs] *nf (titre)* highness.

altitude [altityd] *nf* altitude, height. **à 500 mètres d'~** at a height *ou* an altitude of 500 metres.

alto [alto] *nm (instrument)* viola.

altruisme [altʀyism(ə)] *nm* altruism. ◆ **altruiste** — **1** *adj* altruistic. — **2** *nmf* altruist.

aluminium [alyminjɔm] *nm* aluminium.

alunir [alyniʀ] (2) *vi* to land on the moon.

alvéole [alveɔl] *nf ou m* cell.

amabilité [amabilite] *nf* kindness. **ayez l'~ de** be so kind as to.

amadouer [amadwe] (1) *vt* to mollify.

amaigrir [amegʀiʀ] (2) *vt* to make thin. ◆ **amaigrissant, e** *adj (régime)* slimming. ◆ **amaigrissement** *nm (pathologique)* thinness; *(volontaire)* slimming. **un ~ de 3 kg** a loss in weight of 3 kg.

amalgame [amalgam] *nm* combination. ◆ **amalgamer** *vt*, **s'amalgamer** *vpr* to combine.

amande [amɑ̃d] *nf* almond. ◆ **amandier** *nm* almond tree.

amant [amɑ̃] *nm* lover.

amarre [amaʀ] *nf* mooring rope. ◆ **amarrer** (1) *vt (navire)* to moor; *(paquet)* to make fast.

amas [amɑ] *nm* heap, pile. ◆ **amasser** (1) — **1** *vt* to pile up, amass. — **2 s'amasser** *vpr* to pile up; *(foule)* to gather.

amateur [amatœʀ] *nm* amateur. **~ d'art** art lover; **y a-t-il des ~s?** is anyone interested? ◆ **amateurisme** *nm (Sport)* amateurism; *(péj)* amateurishness.

ambages [ɑ̃baʒ] *nfpl* : **sans ~** in plain language.

ambassade [ɑ̃basad] *nf* embassy; *(démarche)* mission. ◆ **ambassadeur** *nm* ambassador *(auprès de* to*)*.

ambiance [ɑ̃bjɑ̃s] *nf* atmosphere *(de* in, of*)*. ◆ **ambiant, e** *adj (milieu)* surrounding; *(température)* ambient.

ambigu, -uë [ɑ̃bigy] *adj* ambiguous. ◆ **ambiguïté** *nf* ambiguity. **déclarer sans ~** to say unambiguously.

ambitieux, -euse [ɑ̃bisjø, øz] *adj* ambitious. ◆ **ambition** *nf* ambition. ◆ **ambitionner** (1) *vt* : **il ambitionne de faire** his ambition is to do.

ambulance [ɑ̃bylɑ̃s] *nf* ambulance. ◆ **ambulancier, -ière** *nm,f (conducteur)* ambulance driver; *(infirmier)* ambulance man *(ou* woman*)*.

ambulant, e [ɑ̃bylɑ̃, ɑ̃t] *adj* travelling.

âme [ɑm] *nf* soul. **grandeur d'~** noble-mindedness; **en mon ~ et conscience** in all conscience; **il est musicien dans l'~** he's a musician to the core; **il erre comme une ~ en peine** he is wandering about like a lost soul; **son ~ damnée** his henchman; **trouver l'~ sœur** to find a soul mate; **l'~ d'un complot** the moving spirit in a plot.

amélioration [ameljɔʀasjɔ̃] *nf* improvement. ◆ **améliorer** *vt*, **s'améliorer** *vpr* (1) to improve.

aménagement [amenaʒmɑ̃] *nm (gén)* development; *(local)* fitting out; *(horaire)* adjustment; *(route)* building. ◆ **aménager** (3) *vt* to develop; to fit out; to adjust; to build. **~ un bureau dans une chambre** to fit up a study in a bedroom.

amende [amɑ̃d] *nf* fine. **donner une ~ à** to fine.

amendement [amɑ̃dmɑ̃] *nm* amendment. ◆ **amender** (1) — **1** *vt (loi)* to amend; *(champ)* to enrich. — **2 s'amender** *vpr* to mend one's ways.

amener [amne] (5) — **1** *vt (personne, objet)* to bring; *(catastrophe)* to cause, bring about. **~ qn à faire qch** *(circonstances)* to lead sb to do sth; *(personne)* to get sb to do sth; **~ la conversation sur un sujet** to lead the conversation on to a subject. — **2 s'amener*** *vpr (venir)* to come along.

amenuiser (s') [amənɥize] (1) *vpr (gén)* to dwindle; *(chances)* to lessen.

amer, -ère [amɛʀ] *adj* bitter.

américain, e [ameʀikɛ̃, ɛn] — **1** *adj* American. — **2** *nm (Ling)* American English. — **3 A ~, -aine** *nm,f* American. ◆ **américanisme** *nm* americanism. ◆ **Amérique** *nf* America.

amerrir [ameʀiʀ] (2) *vi (Aviat)* to make a sea landing; *(Espace)* to splash down. ◆ **amerrissage** *nm* sea landing; splashdown.

amertume [amɛʀtym] *nf (lit, fig)* bitterness.

ameublement [amœbləmɑ̃] *nm* furniture.

ameuter [amøte] (1) *vt (voisins)* to bring out; *(population)* to rouse *(contre* against*)*.

ami, e [ami] — **1** *nm,f* friend; *(amant)* boyfriend; *(maîtresse)* girlfriend, lady-friend. **se faire un ~ de qn** to make friends with sb; **~s des bêtes** animal lovers; **mon cher ~** my dear fellow. — **2** *adj* friendly. **être ~ avec qn** to be friendly *ou* be good friends with sb.

amiable [amjabl(ə)] *adj* : **à l'~** *(vente)* private; *(accord)* amicable.

amiante [amjɑ̃t] *nm* asbestos.

amical, e, *mpl* **-aux** [amikal, o] — **1** *adj* friendly. — **2** *nf* association, club. ◆ **amicalement** *adv* in a friendly way. *(lettre)* ~, Paul yours Paul.

amidon [amidɔ̃] *nm* starch. ◆ **amidonner** (1) *vt* to starch.

amincir [amɛ̃siʀ] (2) — **1** *vt (couche)* to thin. — **2 s'amincir** *vpr* to get thinner.

amiral, e, *mpl* **-aux** [amiʀal, o] — **1** *adj :* **vaisseau** ~ flagship. — **2** *nm* admiral.

amitié [amitje] *nf* **(a)** *(sentiment)* friendship. **avoir de l'~ pour qn** to be fond of sb; **faites-moi l'~ de venir** do me the favour of coming. — **(b)** *(lettre)* ~s, Paul; yours, Paul; **elle vous fait toutes ses** ~s she sends her regards.

ammoniac [amɔnjak] *nm* ammonia. ◆ **ammoniaque** *nf* liquid ammonia.

amnésie [amnezi] *nf* amnesia. ◆ **amnésique** *adj, nmf* amnesic.

amnistie [amnisti] *nf* amnesty.

amoindrir [amwɛ̃dʀiʀ] (2) — **1** *vt (forces)* to weaken; *(quantité)* to diminish; *(humilier)* ~ **qn** to belittle sb. — **2 s'amoindrir** *vpr* to weaken; to diminish.

amollir [amɔliʀ] (2) *vt* to soften.

amonceler [amɔ̃sle] (4) — **1** *vt* to pile *ou* heap up. — **2 s'amonceler** *vpr* to pile *ou* heap up; *(difficultés)* to accumulate; *(nuages, neige)* to bank up. ◆ **amoncellement** *nm (tas)* pile, heap; *(accumulation)* accumulation.

amont [amɔ̃] *nm :* **en** ~ *(rivière)* upstream; *(pente)* uphill *(de* from).

amorphe [amɔʀf(ə)] *adj* passive.

amortir [amɔʀtiʀ] (2) *vt* **(a)** *(coup)* to cushion, soften; *(bruit)* to deaden, muffle. **(b)** *(dette)* to pay off; *(matériel)* to recoup the cost. ◆ **amortissement** *nm (dette)* paying off. ◆ **amortisseur** *nm* shock absorber.

amorce [amɔʀs(ə)] *nf* **(a)** *(Pêche)* bait. **(b)** *(explosif)* cap. **(c)** *(début)* start, beginning. ◆ **amorcer** (3) *vt (hameçon)* to bait; *(client)* to entice; *(pompe)* to prime; *(travaux)* to start, begin. **une détente s'amorce** there are signs of a detente.

amour [amuʀ] *nm* love. **faire l'~** to make love *(avec* to, with); **cet enfant est un** ~ that child's a real darling; **un** ~ **de bébé** a lovely *ou* sweet little baby; **pour l'~ de Dieu** for God's sake; **faire qch avec** ~ to do sth with loving care. ◆ **amoureux, -euse** — **1** *adj (aventures)* amorous; **être** ~ to be in love *(de* with). — **2** *nm,f* love, sweetheart. **les** ~ **de la nature** nature-lovers. ◆ **amoureusement** *adv* lovingly, amorously. ◆ **amour-propre** *nm* self-esteem, pride.

amovible [amɔvibl(ə)] *adj* removable, detachable.

ampère [ɑ̃pɛʀ] *nm* ampere, amp.

amphibie [ɑ̃fibi] — **1** *adj* amphibious. — **2** *nm* amphibian.

amphithéâtre [ɑ̃fiteatʀ(ə)] *nm (Archit, Géol)* amphitheatre; *(Univ)* lecture hall.

ample [ɑ̃pl(ə)] *adj (jupe)* full; *(geste)* sweeping; *(projet)* vast; *(sujet)* wide-ranging. **faire** ~**s provisions de** to gather a good supply of; **donner d'~s détails** to give a wealth of detail.

◆ **amplement** *adv (mériter)* fully. **ça suffit** ~ that's more than enough, that's ample. ◆ **ampleur** [ɑ̃plœʀ] *nf (vêtement)* fullness; *(sujet)* scope; range; *(crise)* scale, extent. **prendre de l'**~ to grow in scale.

amplificateur [ɑ̃plifikatœʀ] *nm* amplifier. ◆ **amplification** *nf (gén)* increase; *(son)* amplification. ◆ **amplifier** (7) — **1** *vt* to increase; to amplify. — **2 s'amplifier** *vpr* to increase.

ampoule [ɑ̃pul] *nf (Élec)* bulb; *(Pharm)* phial; *(main)* blister.

amputation [ɑ̃pytasjɔ̃] *nf (bras etc)* amputation; *(texte, budget)* drastic cut *(de* in). ◆ **amputer** (1) *vt* to cut *ou* amputate; *(fig)* to cut drastically *(de* by).

amusant, e [amyzɑ̃, ɑ̃t] *adj* amusing, entertaining.

amuse-gueule [amyzgœl] *nm inv* appetizer.

amusement [amyzmɑ̃] *nm (jeu)* game; *(passe-temps)* diversion, pastime.

amuser [amyze] (1) — **1** *vt* to amuse, entertain. **si vous croyez que ça m'amuse!** if you think I enjoy it! — **2 s'amuser** *vpr* **(a)** *(jouer) (enfants)* to play *(avec* with), **s'**~ **à un jeu** to play a game; **s'**~ **à faire** to amuse o.s. doing; *(fig)* **ne t'amuse pas à recommencer,** sinon! don't do that again, or else! **(b)** *(se divertir)* **nous sommes bien amusés** we had great fun, we really enjoyed ourselves.

amygdale [amidal] *nf* tonsil.

an [ɑ̃] *nm* year. **dans 3** ~**s** in 3 years, in 3 years' time; **enfant de six** ~**s** six-year-old child; **il a 22** ~**s** he is 22; **je m'en moque comme de l'**~ **quarante** I couldn't care less.

anachronique [anakʀɔnik] *adj* anachronistic. ◆ **anachronisme** *nm* anachronism.

analogie [analɔʒi] *nf* analogy. ◆ **analogue** — **1** *adj* analogous *(à* to). — **2** *nm* analogue.

analyse [analiz] *nf (gén)* analysis; *(Méd)* test. **se faire faire des** ~**s** to have some tests done; ~ **grammaticale** parsing. ◆ **analyser** (1) *vt* to analyse.

ananas [anana(s)] *nm* pineapple.

anarchie [anaʀʃi] *nf* anarchy. ◆ **anarchique** *adj* anarchic. ◆ **anarchisme** *nm* anarchism. ◆ **anarchiste** — **1** *adj* anarchistic. — **2** *nmf* anarchist.

anatomie [anatɔmi] *nf* anatomy. ◆ **anatomique** *adj* anatomical.

ancestral, e, *mpl* **-aux** [ɑ̃sɛstʀal, o] *adj* ancestral.

ancêtre [ɑ̃sɛtʀ(ə)] *nmf* ancestor.

anchois [ɑ̃ʃwa] *nm* anchovy.

ancien, -ienne [ɑ̃sjɛ̃, jɛn] — **1** *adj* **(a)** *(gén)* old; *(de l'antiquité)* ancient; *(objet d'art)* antique. ~ **combattant** ex-serviceman; **dans l'**~ **temps** in olden days. — **(b)** *(précédent)* former. ~ **élève** former pupil. — **2** *nm (mobilier)* l'~ antiques. — **3** *nm,f (par l'âge)* elder, old person; *(par l'expérience)* senior person, *(Hist)* **les** ~**s** the Ancients. ◆ **anciennement** *adv* formerly. ◆ **ancienneté** *nf* age; *(dans un emploi)* length of service; *(privilège)* **à l'**~ by seniority.

ancre [ɑ̃kʀ(ə)] *nf* anchor. **jeter l'**~ to cast anchor; **lever l'**~ to weigh anchor. ◆ **ancrer** (1) *vt* to anchor. **idée bien ancrée** firmly rooted idea.

andouille [ɑ̃duj] *nf (Culin)* andouille. (** : imbécile)* clot*, fool. **faire l'**~ to act the fool.

âne [ɑn] *nm* donkey, ass; *(fig)* ass, fool.

anéantir [aneɑ̃tir] (2) *vt* (*détruire*) to destroy; (*fatigue*) to exhaust; (*chaleur, chagrin*) to overwhelm. ◆ **anéantissement** *nm* destruction; exhaustion; (*abattement*) dejection.

anecdote [anɛkdɔt] *nf* anecdote.

anémie [anemi] *nf* anaemia. ◆ **anémique** *adj* anaemic.

anémone [anemɔn] *nf* anemone. ~ **de mer** sea anemone.

ânerie [ɑnri] *nf* (*caractère*) stupidity; (*parole*) stupid remark; (*gaffe*) blunder. **dire des ~s** to talk rubbish.

ânesse [ɑnɛs] *nf* she-ass.

anesthésie [anɛstezi] *nf* anaesthetic. **faire une ~** to give an anaesthetic. ◆ **anesthésique** *adj, nm* anaesthetic. ◆ **anesthésiste** *nmf* anaesthetist.

ange [ɑ̃ʒ] *nm* angel. **oui mon ~** yes, darling; **avoir une patience d'~** to have the patience of a saint; **un ~ passa** there was an awkward pause; **être aux ~s** to be in seventh heaven; ~ **gardien** (*Rel, fig*) guardian angel; **garde du corps** bodyguard. ◆ **angélique** *adj* angelic.

angélus [ɑ̃ʒelys] *nm* angelus.

angine [ɑ̃ʒin] *nf* : **avoir une ~** to have tonsillitis.

anglais, e [ɑ̃glɛ, ɛz] — **1** *adj* English. — **2** *nm* **(a)** **A~** Englishman; **les A~** English people, the English; (*hommes*) Englishmen. **(b)** (*Ling*) English. — **3** *nf* **(a)** **A~e** Englishwoman. **(b)** (*Coiffure*) ~**es** ringlets. — **4** *adv* : **parler ~** to speak English.

angle [ɑ̃gl(ə)] *nm* (*gén*) angle; (*coin*) corner. **le magasin qui fait l'~** the shop on the corner; **à ~ droit** at right angles.

Angleterre [ɑ̃glətɛr] *nf* England.

anglican, e [ɑ̃glikɑ̃, an] *adj, nm,f* Anglican.

angliciste [ɑ̃glisist(ə)] *nmf* (*étudiant*) student of English; (*spécialiste*) anglicist. ◆ **anglicisme** *nm* anglicism.

anglo- [ɑ̃glo] *pref* anglo-. ◆ **anglo-saxon, -onne** *adj, nm,f* Anglo-Saxon. ◆ **anglophile** *adj, nmf* : **être ~** to be an anglophile. ◆ **anglophobe** *adj, nmf* : **être ~** to be an anglophobe. ◆ **anglophone** — **1** *adj* English-speaking. — **2** *nmf* English speaker.

angoisse [ɑ̃gwas] *nf* anguish. ◆ **angoissant, e** *adj* agonizing. ◆ **angoissé, e** *adj* (*voix*) anguished; (*question*) agonized. **être ~** to be in anguish. ◆ **angoisser** (1) *vt* to cause anguish to.

anguille [ɑ̃gij] *nf* eel. **il y a ~ sous roche** there's something in the wind.

anicroche [anikrɔʃ] *nf* hitch, snag. **sans ~s** smoothly, without a hitch.

animal, e, mpl -aux [animal, o] *adj, nm* animal. **quel ~!** what a lout!

animateur, -trice [animatœr, tris] *nm,f* (*spectacle*) compère; (*centres culturels*) leader, organizer.

animation [animasjɔ̃] *nf* (*gén*) liveliness, animation; (*affairement*) bustle. **mettre de l'~ dans une réunion** to liven up a meeting.

animé, e [anime] *adj* (*gén*) lively; (*discussion*) animated; (*rue*) busy. (*Philos*) **être ~** *vi* animate being.

animer [anime] (1) — **1** *vt* **(a)** (*groupe*) to lead; (*réunion*) to conduct; (*spectacle*) to compère; (*conversation*) to liven up. **(b)** (*sentiment, mouvement*) to drive. **la joie qui anime son visage**

the joy that shines in his face; **animé d'un mouvement régulier** moving in a steady rhythm. — **2** **s'animer** *vpr* (*personne, rue*) to come to life; (*conversation*) to liven up; (*yeux*) to light up.

animosité [animozite] *nf* animosity.

anis [ani(s)] *nm* (*plante*) anise; (*Culin*) aniseed. **ankyloser** [ɑ̃kiloze] (1) — **1** *vt* to stiffen. **être ankylosé** to be stiff. — **2** **s'ankyloser** *vpr* to get stiff.

annales [anal] *nfpl* annals.

anneau, *pl* **~x** [ano] *nm* (*gén*) ring; (*chaîne*) link; (*serpent*) coil.

année [ane] *nf* year. **tout au long de l'~** the whole year round; **les ~s 20** the 20s; ~ **bissextile** leap year.

annexe [anɛks(ə)] — **1** *adj* (*dépenses*) subsidiary. — **2** *nf* (*Constr*) annex; (*document*) annex (*de* to). ◆ **annexer** (1) *vt* (*territoire*) to annex; (*document*) to append (*à* to). ◆ **annexion** *nf* annexation.

anniversaire [anivɛrsɛr] *nm* (*naissance*) birthday; (*événement*) anniversary.

annonce [anɔ̃s] *nf* announcement; (*publicité*) advertisement. **petites ~s** small ads.

annoncer [anɔ̃se] (3) — **1** *vt* **(a)** (*fait, personne*) to announce (*à* to). ~ **la mauvaise nouvelle à qn** to break the bad news to sb. **on annonce un grave incendie** a serious fire is reported to have broken out. **(b)** (*prédire*) (*pluie, chômage*) to forecast; (*par un présage*) to foretell. **ce radoucissement annonce la pluie** this warmer weather is a sign of rain. **(c)** (*dénoter*) to indicate. — **2** **s'annoncer** *vpr* (*personne*) to announce o.s.; (*événement*) to approach. **ça s'annonce difficile** it looks like being difficult.

annonceur [anɔ̃sœr] *nm* (*publicité*) advertiser; (*speaker*) announcer.

annotation [anɔtasjɔ̃] *nf* annotation. ◆ **annoter** (1) *vt* to annotate.

annuaire [anɥɛr] *nm* : ~ **(téléphonique)** telephone directory, phone book*.

annuel, -elle [anɥɛl] *adj* annual, yearly.

annulaire [anylɛr] *nm* ring *ou* third finger.

annulation [anylasjɔ̃] *nf* (*contrat*) nullification; (*commande*) cancellation; (*mariage*) annulment. ◆ **annuler** (1) *vt* to nullify; to annul; to cancel.

anodin, e [anɔdɛ̃, in] *adj* (*gén*) insignificant; (*blessure*) harmless.

anomalie [anɔmali] *nf* anomaly.

anonymat [anɔnima] *nm* anonymity. **garder l'~** to remain anonymous. ◆ **anonyme** *adj* (*sans nom*) anonymous; (*impersonnel*) impersonal.

anorak [anɔrak] *nm* anorak.

anormal, e, mpl -aux [anɔrmal, o] *adj* abnormal.

anse [ɑ̃s] *nf* (*tasse*) handle; (*Géog*) cove.

antagonisme [ɑ̃tagonism(ə)] *nm* antagonism. ◆ **antagoniste** — **1** *adj* antagonistic. — **2** *nmf* antagonist.

antan [ɑ̃tɑ̃] *nm* : **d'~** of long ago.

antarctique [ɑ̃tarktik] — **1** *adj* antarctic. — **2** *nm* : **l'A~** the Antarctic.

antécédent [ɑ̃tesedɑ̃] *nm* antecedent. (*Méd*) ~**s** previous history.

antenne [ɑ̃tɛn] *nf* **(a)** (*insecte*) antenna, feeler; (*TV*) aerial. **(b)** (*Rad, TV*) (*station*) station; (*écoute*) **sur** *ou* **à l'~** on the air; **gardez l'~** stay tuned in; **je donne l'~ à Paris** over to Paris.

(c) (succursale) sub-branch; (Méd) emergency unit.

antérieur, e [ɑ̃terjœr] adj (situation) previous, former; (partie) front. **membre ~** forelimb; **c'est ~ à 1980** it was before 1980. **◆ antérieurement** adv earlier. **~ à** before, prior to.

anthologie [ɑ̃tɔlɔʒi] nf anthology.

anthracite [ɑ̃trasit] — **1** nm anthracite. — **2** adj inv charcoal grey.

anthropophage [ɑ̃tʀɔpɔfaʒ] adj, nm cannibal. **◆ anthropophagie** nf cannibalism.

anti [ɑ̃ti] préf anti-. **antisémitisme** etc antisemitism. **sérum antitétanique** tetanus serum; **campagne antialcoolique** campaign against alcohol.

antiaérien, -ienne [ɑ̃tiaerjɛ̃, jɛn] adj (canon) anti-aircraft; (abri) air-raid.

antiatomique [ɑ̃tiatɔmik] adj : **abri ~** fallout shelter.

antibiotique [ɑ̃tibjɔtik] adj, nm antibiotic.

antibrouillard [ɑ̃tibʀujaʀ] adj, nm : **phare ~** fog lamp.

antichambre [ɑ̃tiʃɑ̃bʀ(ə)] nf antechamber.

antichoc [ɑ̃tiʃɔk] adj (montre) shockproof.

anticipation [ɑ̃tisipasjɔ̃] nf : **roman d'~** science fiction novel. **◆ anticiper** (1) vti to anticipate. **~ sur qch** to anticipate sth. **◆ anticipé, e** adj (retour) early; (paiement) advance. **avec mes remerciements ~s** thanking you in advance.

anticyclone [ɑ̃tisiklɔn] nm anticyclone.

antidote [ɑ̃tidɔt] nm antidote.

antigel [ɑ̃tiʒɛl] nm antifreeze.

Antilles [ɑ̃tij] nfpl : **les ~** the West Indies. **◆ Antillais, e** [ɑ̃tijɛ, ɛz] adj, **A~, e** nm,f West Indian.

antilope [ɑ̃tilɔp] nf antelope.

antimite [ɑ̃timit] nm mothballs.

antipathie [ɑ̃tipati] nf antipathy. **◆ antipathique** adj unpleasant.

antipode [ɑ̃tipɔd] nm (Géog) **les ~s** the antipodes; (fig) **être aux ~s de qch** to be the polar opposite of sth.

antiquaire [ɑ̃tikɛʀ] nmf antique dealer. **◆ antique** adj ancient; (péj) antiquated. **◆ anti-quité** nf (gén) antiquity; (meuble) antique. **◆ antiseptique** [ɑ̃tisɛptik] adj, nm antiseptic.

antivol [ɑ̃tivɔl] nm, adj inv : **dispositif ~** antitheft device.

antre [ɑ̃tʀ(ə)] nm den, lair.

anus [anys] nm anus.

anxiété [ɑ̃ksjete] nf anxiety. **◆ anxieux, -euse** — **1** adj anxious. — **2** nm,f worrier.

aorte [aɔʀt(ə)] nf aorta.

août [u] nm August. V **septembre**.

apaisant, e [apezɑ̃, ɑ̃t] adj soothing. **◆ apaisement** nm (calme) calm, quiet; (soulagement) relief; (pour rassurer) reassurance. **◆ apaiser** (1) — **1** vt (personne) to calm down; (désir, faim) to appease; (douleur, conscience) to soothe. — **2 s'apaiser** vpr (personne) to calm down; (vacarme, douleur) to die down.

apathie [apati] nf apathy. **◆ apathique** adj apathetic.

apatride [apatrid] nmf stateless person.

apercevoir [apɛʀsəvwaʀ] (28) — **1** vt (voir) to see; (brièvement) to glimpse; (remarquer) to notice. — **2 s'apercevoir** vpr : **s'~ de** to notice, perceive. **~ que** to notice ou realize that. **◆ aperçu** [apɛʀsy] nm general idea.

apéritif [apeʀitif] nm aperitif.

apesanteur [apazɑ̃tœʀ] nf weightlessness.

à-peu-près [apøpʀɛ] nm inv vague approximation.

apeuré, e [apœʀe] adj frightened, scared.

aphone [afɔn] adj voiceless.

aphte [aft(ə)] nm mouth ulcer.

apitoyer [apitwaje] (8) vt to move to pity. **s'~ sur** to feel pity for.

aplanir [aplaniʀ] (2) vt (terrain) to level; (difficultés) to smooth away.

aplatir [aplatiʀ] (2) — **1** vt (gén) to flatten, (pli) to smooth out. — **2 s'aplatir** vpr (a) (contre qch) to flatten o.s. (contre against); (*: tomber) to fall flat on one's face; (s'humilier) to grovel (devant before), (b) (chose) (devenir plus plat) to become flatter; (s'écraser) to smash (contre against). **aplati** flat.

aplomb [aplɔ̃] nm (assurance) self-assurance; (insolence) nerve, cheek*; (équilibre) balance; (verticalité) plumb. **d'~** (corps) steady; (mur) plumb; **tu n'as pas l'air d'~*** you look out of sorts; **se remettre d'~** to get back on one's feet again.

apocalypse [apɔkalips(ə)] nf : **l'A~** Revelation, the Apocalypse. **◆ apocalyptique** adj apocalyptic.

apogée [apɔʒe] nm apogee.

apoplexie [apɔplɛksi] nf apoplexy.

apostrophe [apɔstʀɔf] nf (interpellation) rude remark. **◆ apostropher** (1) vt to shout at.

apothéose [apɔteoz] nf apotheosis.

apôtre [apotʀ(ə)] nm apostle.

apparaître [apaʀɛtʀ(ə)] (57) vi to appear (à to).

appareil [apaʀɛj] nm (instrument) appliance; (poste) set; (téléphone) telephone; (Aviat) aircraft (inv); (dentier) brace; (pour fracture) splint. **~ digestif** digestive system; **qui est à l'~?** who's speaking?; **un ~-photo** a camera; **~ à sous** (distributeur) slot machine; (jeu) fruit machine.

appareiller [apaʀeje] (1) vi (Naut) to cast off.

apparemment [apaʀamɑ̃] adv apparently.

apparence [apaʀɑ̃s] nf appearance. **malgré les ~s** in spite of appearances; **selon toute ~** in all probability; **en ~** apparently. **◆ apparent, e** adj (gén) apparent; (pourre) visible.

apparenter (s') [apaʀɑ̃te] (1) vpr : **s'~ à** (ressembler à) to be similar to.

appariteur [apaʀitœʀ] nm (Univ) attendant.

apparition [apaʀisjɔ̃] nf (arrivée) appearance; (boutons, fièvre) outbreak; (spectre) apparition. **faire son ~** to appear.

appartement [apaʀtəmɑ̃] nm flat, apartment (US).

appartenance [apaʀtənɑ̃s] nf membership (à of).

appartenir [apaʀtəniʀ] (22) — **1 appartenir à** vt indir to belong to. — **2 vb impers :** il **m'appartient de le faire** it is up to me to do it.

appât [apɑ] nm bait. **mordre à l'~** to rise to the bait; **l'~ du gain** the lure of gain. **◆ appâter** (1) vt (gibier, client) to lure, entice; (piège) to bait.

appauvrir [apovʀiʀ] (2) — **1** vt to impoverish. — **2 s'appauvrir** vpr to grow poorer. ♦ **appauvrissement** nm impoverishment.

appel [apɛl] nm **(a)** (cri) call; (demande pressante) appeal. ~ **à l'aide** call for help; **faire** ~ **à** (générosité) to appeal to; (pompiers) to call on, **ça fait** ~ **à des connaissances spéciales** it calls for specialist knowledge; (Scol) **faire l'**~ to call the register. **(b)** (Jur) appeal. **faire** ~ **d'un jugement** to appeal against a judgement. **(c)** (élan) take-off. **(d)** ~ **d'air** draught; ~ **téléphonique** phone call; **faire un** ~ **de phares** to flash one's headlights.

appelé [aple] nm (Mil) conscript, draftee (US). (Rel, fig) **il y a beaucoup d'**~**s et peu d'élus** many are called but few are chosen.

appeler [aple] (4) — **1** vt **(a)** (gén) to call; (pompiers, nom) to call out; (téléphoner à) to call, phone; (médecin) to send for. ~ **un chat un chat** to call a spade a spade; ~ **qn à l'aide** to call to sb for help; ~ **qn à un poste** to appoint sb to a post; **la méthode est appelée à se généraliser** the method is likely to become widespread; **ça appelle des explications** it calls for an explanation; **en** ~ **à** to appeal to; **en** ~ **de** to appeal against. — **2 s'appeler** vpr : **il s'appelle Paul** his name is Paul, he's called Paul.

appellation [apelɑsjɔ̃] nf (label) appellation; (mot) term, name.

appendicite [apɛ̃disit] nf appendicitis.

appentis [apɑ̃ti] nm lean-to.

appesantir [apəzɑ̃tiʀ] (2) — **1** vt (lit) to make heavy; (autorité) to strengthen (sur over). — **2 s'appesantir** vpr to grow heavier; to grow stronger. **s'**~ **sur un sujet** to dwell on a subject.

appétissant, e [apetisɑ̃, ɑ̃t] adj appetizing. ♦ **appétit** nm appetite. **avoir de l'**~ to have a good appetite; **mettre qn en** ~ to give sb an appetite; **manger avec** ~ to eat heartily.

applaudir [aplodiʀ] (2) — **1** vti (lit) to applaud, clap. — **2 applaudir à** vt indir (initiative) to applaud. ~ **à** to applaud; **s'applaudir** vpr to congratulate o.s. (d'avoir fait for having done). ♦ **applaudissement** nm ~**s** applause.

applicable [aplikabl(ə)] adj applicable (à to).

application [aplikɑsjɔ̃] nf **(a)** (V appliquer) application; implementation; use. **mettre en** ~ to implement; **les** ~**s d'une théorie** the applications of a theory. **(b)** (attention) application (à qch to sth).

applique [aplik] nf wall lamp.

appliqué, e [aplike] adj (personne) painstaking; (écriture) careful. **linguistique etc** ~**e** applied linguistics etc.

appliquer [aplike] (1) — **1** vt (gén) to apply (à to); (décision) to implement; (recette) to use; (gifle) to give. ~ **sa main sur qch** to put one's hand on sth; **faire** ~ **la loi** to enforce the law. — **2 s'appliquer** vpr (élève) to apply o.s. (à faire to doing).

appoint [apwɛ̃] nm : **faire l'**~ to give the right money; **salaire d'**~ extra income. ♦ **appointements** nmpl salary.

apport [apɔʀ] nm (capitaux, culture) contribution; (chaleur, eau) supply. **l'**~ **en vitamines d'un aliment** the vitamins supplied by a food.

apporter [apɔʀte] (1) — **1** vt (gén) to bring (à to); (modification) to introduce; (solution) to supply; (soin) to exercise (à faire in doing). **apporte-le-lui** take it to him; **apporte-le en montant** bring it up.

apposition [apozisjɔ̃] nf apposition.

appréciable [apʀesjabl(ə)] adj appreciable. ♦ **appréciation** nf assessment, estimation. **je le laisse à votre** ~ I leave you to judge for yourself. ♦ **apprécier** (7) vt (évaluer) to estimate, assess; (aimer) to appreciate. **mets très apprécié** much appreciated dish.

appréhender [apʀeɑ̃de] (1) vt (arrêter) to apprehend; (redouter) to dread (de faire doing). ~ **que** to fear that. ♦ **appréhension** nf apprehension. **avoir de l'**~ to be apprehensive.

apprendre [apʀɑ̃dʀ(ə)] (58) vt **(a)** (leçon, métier) to learn; (fait) to learn of. (nouvelle) **to tell sb of sth; (science) to teach sb sth; ça lui apprendra!** that'll teach him!

apprenti, e [apʀɑ̃ti] nm,f (métier) apprentice; (débutant) novice. ♦ **apprentissage** nm apprenticeship; (fig) initiation (de into). **école d'**~ training school.

apprêter [apʀete] (1) — **1** vt to get ready. — **2 s'apprêter** vpr **(a)** to get ready (à qch for sth, à faire to do). **(b)** (toilette) to get o.s. ready.

apprivoiser [apʀivwaze] (1) vt to tame. **s'**~ to become tame; **apprivoisé** tame.

approbateur, -trice [apʀɔbatœʀ, tʀis] adj approving. ♦ **approbation** nf approval, approbation.

approchant, e [apʀɔʃɑ̃, ɑ̃t] adj (genre) similar (de to); (résultat) close (de to).

approche [apʀɔʃ] nf approach. **à l'**~ **de l'hiver** as winter draws near ou approaches; **les** ~**s de la ville** the approaches to the town.

approcher [apʀɔʃe] (1) — **1** vt (objet) to move near (de to); (personne) **approche!** come here!; ~ **de** to approach. **s'**~ to approach. — **2** vi to approach. — **3 s'approcher de moi** he came up to me, he approached me.

approfondir [apʀɔfɔ̃diʀ] (2) — **1** vt (gén) to deepen; (étude) to go deeper into. **examen approfondi** detailed examination. — **2 s'approfondir** vpr to become deeper.

approprier (s') [apʀɔpʀije] (7) vpr (bien, droit) to appropriate. **s'**~ **à** to suit; **méthode appropriée** appropriate ou suitable method.

approuver [apʀuve] (1) vt (personne) to agree with; (décision) to approve of.

approvisionnement [apʀɔvizjɔnmɑ̃] nm (action) supplying (en, de of). ~**s** (réserves) supplies, provisions. ♦ **approvisionner** (1) vt (magasin) to supply (en, de with); (compte) to pay money into. **bien approvisionné en fruits** well stocked with fruit. — **2 s'approvisionner** vpr to stock up (en with). **s'**~ **au marché** to shop at the market.

approximatif, -ive [apʀɔksimatif, iv] adj (évaluation) approximate, rough; (termes) vague. ♦ **approximativement** adv approximately, roughly. ♦ **approximation** nf approximation, rough estimate.

appui [apɥi] — **1** nm support, prop; (*personne*) to lean on; (*objet*) to rest on; ~ **de fenêtre** window sill; **à l'~ de qch** in support of sth. ◆ **appui(e)-bras** nm inv armrest. ◆ **appui(e)-tête** nm inv headrest.

appuyer [apɥije] (8) — **1** vt (*doigt*) to support, prop onj; (*personne, thèse*) to support; ~ **qch contre qch** to lean sth against sth. — **2** vi : ~ **sur** (*sonnette*) to press; (*argument*) to stress; ~ **sur des colonnes** to rest on pillars. — **3 s'appuyer** vpr : **s'~ sur** (*mur*) to lean on; (*preuve*) to rely on.

âpre [apʀ(ə)] adj (*gén*) bitter; (*temps*) raw; (*son*) harsh; (*concurrence, critique*) fierce. ~ **au gain** grasping. ◆ **âpreté** nf bitterness; harshness; fierceness.

après [apʀɛ] — **1** prép after. ~ **coup** afterwards; ~ **quoi** after which, and afterwards; ~ **tout** after all; **collé ~ le mur** stuck on the wall; **crier ~ qn** to shout at sb; **en colère ~ qn** angry with sb. ~ **que vous lui aurez parlé** after you have spoken to him; **d'~ lui** according to him, **d'~ Balzac** adapted from Balzac. — **2** adv afterwards, after; (*plus tard*) **2 jours ~** 2 days later; **et puis ~?** (*lit*) and then what?; (*et alors*) so what?; **le mois d'~** the following month. ~ **3** : ~-**demain** adv the day after tomorrow. ~-**midi** nm post-war years; ~-**midi** nm ou nf inv afternoon.

à-propos [apʀopo] nm (*remarque*) apiness; (*personne*) presence of mind.

apte [apt(ə)] adj : ~ **à qch** capable of sth; ~ **à faire** capable of doing; (*Mil*) ~ (**au service**) fit for service. ◆ **aptitude** nf aptitude (à faire for doing), ability (à faire to do).

aquarelle [akwaʀɛl] nf (*technique*) watercolours; (*tableau*) watercolour.

aquarium [akwaʀjɔm] nm aquarium.

aquatique [akwatik] adj aquatic.

aqueduc [akdyk] nm aqueduct.

arabe [aʀab] — **1** adj (*gén*) Arab; (*langue*) Arabic. — **2** nm: **A~** Arab. ◆ **Arabie** nf (*Ling*) Arabic. **~ Séoudite** Saudi Arabia.

arable [aʀabl(ə)] adj arable.

arachide [aʀaʒid] nf peanut, groundnut.

araignée [aʀɛɲe] nf spider; ~ **de mer** spider crab.

arbalète [aʀbalɛt] nf crossbow.

arbitraire [aʀbitʀɛʀ] adj, nm arbitrary. **l'~ de qch** the arbitrary nature of sth.

arbitrage [aʀbitʀaʒ] nm arbitration; (*Sport*) refereeing; (*Tennis*) umpiring. ◆ **arbitre** nm arbiter; umpire; (*Jur*) arbitrator. ◆ **arbitrer** (1) vt to arbitrate; to referee; to umpire.

arborer [aʀbɔʀe] (1) vt (*gén*) to display; (*vêtement, médaille, sourire*) to wear; (*drapeau*) to bear; (*gros titre*) to carry.

arbre [aʀbʀ(ə)] nm tree; (*Tech*) shaft. ~ **à cames** camshaft; ~ **généalogique** family tree; ~ **de Noël** Christmas tree. ◆ **arbrisseau**, pl ~**x** nm shrub. ◆ **arbuste** nm bush.

arc [aʀk] nm (*arme*) bow; (*Géom, Élec*) arc; (*Archit*) arch. **en ~ de cercle** in a semi-circle. ◆ **arcade** [aʀkad] nf arch.

arcanes [aʀkan] nmpl mysteries.

arc-bouter (s') [aʀkbute] (1) vpr to lean (*contre* against, *sur* on).

arc-en-ciel, pl ~**s-~~** [aʀkɑ̃sjɛl] nm rainbow.

archaïque [aʀkaik] adj archaic. ◆ **archaïsme** nm archaism.

archange [aʀkɑ̃ʒ] nm archangel.

arche [aʀ(ʃ)] nf (*Archi*) arch. **l'~ de Noé** Noah's Ark.

archéologie [aʀkeɔlɔʒi] nf archaeology. ◆ **archéologique** [aʀkeɔlɔʒik] adj archaeological. ◆ **archéologue** [aʀkeɔlɔg] nmf archaeologist.

archétype [aʀketip] nm archetype.

archevêque [aʀ(ʃ)vɛk] nm archbishop. ◆ **archevêché** nm (*territoire*) archbishopric; (*palais*) archbishop's palace.

archi... [aʀʃi] préf (*riche*) enormously; (*faux*) totally, quite. ~ **duc etc** archduke etc.

archipel [aʀʃipɛl] nm archipelago.

architecte [aʀʃitɛkt(ə)] nm architect. ◆ **architecture** nf architecture.

archives [aʀʃiv] nfpl records, archives.

arctique [aʀktik] adj, nm Arctic.

ardent, e [aʀdɑ̃, ɑ̃t] adj (*soleil*) blazing; (*foi, partisan*) fervent, ardent; (*yeux, chaleur*) burning (*de* with). ◆ **ardeur** nf fervour, ardour.

ardoise [aʀdwaz] nf slate.

ardu, e [aʀdy] adj difficult.

arène [aʀɛn] nf arena.

arête [aʀɛt] nf (*poisson*) fishbone; (*cube*) edge; (*montagne*) ridge.

argent [aʀʒɑ̃] nm **(a)** (*métal, couleur*) silver. **cuiller en ~** silver spoon. **(b)** (*Fin*) money. ~ **de poche** pocket money; **payer ~ comptant** to pay cash; **on en a pour son ~** we get good value for money; ◆ **argenté, e** adj (*couleur*) silver, silvery; (*couvert*) silver-plated. ◆ **argenterie** nf silverware.

Argentine [aʀʒɑ̃tin] nf : **l'~** Argentina, the Argentine.

argile [aʀʒil] nf clay.

argot [aʀgo] nm slang. ◆ **argotique** adj slangy.

argument [aʀgymɑ̃] nm argument. ◆ **argumentation** nf argumentation.

argus [aʀgys] nm : guide to secondhand car prices.

aride [aʀid] adj arid. ◆ **aridité** nf aridity.

aristocrate [aʀistɔkʀat] nmf aristocrat. ◆ **aristocratie** nf aristocracy. ◆ **aristocratique** adj aristocratic.

arithmétique [aʀitmetik] — **1** nf arithmetic. — **2** adj arithmetical.

arlequin [aʀlakɛ̃] nm Harlequin.

armateur [aʀmatœʀ] nm shipowner.

armature [aʀmatyʀ] nf framework.

arme [aʀm(ə)] nf weapon, arm. ~ **à feu** firearm, gun; **enseigne aux ~s de** sign bearing the arms of: **à ~s égales** on equal terms; **passer qn par les ~s** to shoot sb (*by firing squad*); **partir avec ~s et bagages** to pack up and go; **prendre les ~s** to take up arms; **aux ~s!** to arms!

armée [aʀme] nf army. **quelle ~ d'incapables*** what a useless bunch*; **l'~ de l'air** the Air Force; **l'~ du Salut** the Salvation Army.

armement [aʀmamɑ̃] nm (*soldat*) arms, weapons; (*pays*) armament.

armer [aʀme] (1) — **1** vt (*personne*) to arm (*de* with); (*navire*) to fit out, equip; (*fusil*) to cock; (*appareil-photo*) to wind on. — **2 s'armer** vpr to arm o.s.

armistice [aʀmistis] nm armistice.

armoire [aʀmwaʀ] *nf (gén)* cupboard; *(penderie)* wardrobe. **~ à pharmacie** medicine cabinet.

armoiries [aʀmwaʀi] *nfpl* coat of arms.

armure [aʀmyʀ] *nf* armour. ◆ **armurier** *nm (fusils)* gunsmith; *(couteaux)* armourer's. ◆ **armurerie** *nf* gunsmith's; armourer's.

aromate [aʀɔmat] *nm (thym etc)* herb; *(poivre etc)* spice. **~s** seasoning. ◆ **aromatique** *adj* aromatic. ◆ **aromatiser** (1) *vt* to flavour. ◆ **arôme** *nm* aroma.

arpenter [aʀpɑ̃te] (1) *vt (marcher)* to pace up and down; *(mesurer)* to survey. ◆ **arpenteur** *nm* (land) surveyor.

arquer [aʀke] (1) *vt (tige)* to curve; *(dos)* to arch. **il a les jambes arquées** he's bow-legged.

arrache-pied (d') [daʀaʃpje] *adv* relentlessly.

arracher [aʀaʃe] (1) *vt (légume)* to lift; *(plante)* to pull up; *(dent)* to take out, extract; *(poil, clou)* to pull out; *(chemise, affiche)* to tear off. **~ qch à qn** to snatch ou grab sth from sb; **~ qn à la mort** to snatch sb away from death; **s'~ les cheveux** to tear one's hair.

arrangeant, e [aʀɑ̃ʒɑ̃, ɑ̃t] *adj* obliging.

arrangement [aʀɑ̃ʒmɑ̃] *nm* arrangement.

arranger [aʀɑ̃ʒe] (3) — **1** *vt* **(a)** *objets, rencontre)* to arrange. **(b)** *(réparer) (gén)* to fix, repair; *(querelle)* to settle, sort out. **ça n'arrange rien** it doesn't help matters. **(c)** *(contenter)* to suit. **si ça vous arrange** if that suits you, if that's convenient for you. — **2 s'arranger** *vpr (se mettre d'accord)* to come to an arrangement; *(s'améliorer)* to get better; *(se débrouiller)* to manage. **arrangez-vous avec lui** sort it out with him.

arrestation [aʀɛstɑsjɔ̃] *nf* arrest. **en état d'~** under arrest.

arrêt [aʀɛ] *nm* **(a)** *(gén)* stop; *(bouton)* stop button. *(action)* **l'~ de qch** the stopping of sth; **~ du cœur** cardiac arrest; **~ de travail** *(grève)* stoppage; *(congé)* sick leave; **5 minutes d'~** a 5-minute stop; **tomber en ~** to stop short; **sans ~** *(sans interruption)* without stopping, nonstop; *(fréquemment)* constantly. **(b)** *(Jur: décision)* ruling, decision. **~ de mort** death sentence; *(Mil)* **aux ~s** under arrest.

arrêté, e [aʀɛte] — **1** *adj (idée etc)* firm. — **2** *nm (loi)* order. **~ municipal** ≃ bye-law.

arrêter [aʀɛte] (1) — **1** *vt* **(a)** *(gén) (progression)* to check, halt; *(études)* to stop; up; *(criminel)* to arrest. **arrêtez-moi près de la poste** drop me by the post office. **(b)** *(décider: jour, plan)* to decide on; *(choix)* to make. — **2** *vi* to stop. **~ de fumer** to give up ou stop smoking. — **3 s'arrêter** *vpr* to stop. **s'~ sur le bas-côté** to pull up ou stop by the roadside; **s'~ net** to stop dead; **sans s'~** without stopping, without a break; **s'~ à** *(détails)* to pay too much attention to.

arrhes [aʀ] *nfpl* deposit.

arrière [aʀjɛʀ] — **1** *nm (gén)* back; *(bateau)* stern; *(train)* rear; *(Sport)* fullback. **les ~s** the rear; **faire un pas en ~** to step back(wards); **100 ans en ~** 100 years ago; **revenir en ~** to go back; **à l'~** at the back *(de of)*. — **2** *adj inv* **roue ~** rear wheel; **siège ~** back seat. — **3** *préf* **~grand-mère** etc greatgrandmother etc; **~boutique** back shop; **~cuisine** scullery; **~garde** rearguard; **~goût**

aftertaste; **~pensée** ulterior motive; **~plan** background.

arriéré, e [aʀjeʀe] — **1** *adj* backward. — **2** *nm (travail)* backlog; *(paiement)* arrears.

arrimer [aʀime] (1) *vt (cargaison)* to stow; *(colis)* to secure.

arrivage [aʀivaʒ] *nm (marchandises)* arrival; *(touristes)* fresh load ou influx.

arrivant, e [aʀivɑ̃, ɑ̃t] *nm,f* newcomer.

arrivée [aʀive] *nf (gén)* arrival, coming; *(course)* finish. **~ de gaz** gas inlet.

arriver [aʀive] (1) — **1** *vi* **(a)** *(destination)* to arrive. *(lit, fig)* **~ à qch** to come to sth; **~ chez soi** to arrive ou get back home; **j'arrive!** I'm coming!; **il ne t'arrive pas à la cheville** he can't hold a candle to you. **(b)** *(réussir)* to succeed ou get on in life. **~ à faire qch** to succeed in doing sth, manage to do sth. **(c)** *(se produire)* to happen. **faire ~ un accident** to bring about an accident. — **2** *vb impers* **il lui est arrivé un malheur** something dreadful has happened to him; **il lui arrivera des ennuis** he'll get himself into trouble; **quoi qu'il arrive** whatever happens; **il m'arrive d'oublier, il arrive que j'oublie** I sometimes forget.

arrivisme [aʀivism(ə)] *nm* pushfulness. ◆ **arriviste** *nmf* go-getter*.

arrogance [aʀɔgɑ̃s] *nf* arrogance. ◆ **arrogant, e** *adj* arrogant.

arroger (s') [aʀɔʒe] (3) *vpr* to assume (without right).

arrondi, e [aʀɔ̃di] — **1** *adj* round. — **2** *nm* roundness. ◆ **arrondir** (2) *vt (objet)* to make round; *(coin, nombre)* to round off *(à to)*. **~ sa fortune** to increase one's wealth; **~ les angles** to smooth things over.

arroser [aʀoze] (1) *vt (gén)* to water. **~ un succès** to drink to a success; **~ qch d'essence** to pour petrol over sth; **se faire ~** to get drenched ou soaked. ◆ **arroseuse** *nf* water cart. ◆ **arrosoir** *nm* watering can.

arsenal, pl -aux [aʀsənal, o] *nm (Mil)* arsenal; *(* : collection)* collection.

artère [aʀtɛʀ] *nf (gén)* artery; *(rue)* road.

artichaut [aʀtiʃo] *nm* artichoke.

article [aʀtikl(ə)] *nm (gén)* article; *(produit)* item, product; *(de dictionnaire)* entry. **~s de voyage** travel goods; **faire l'~ à qn** to give sb the sales patter; **à l'~ de la mort** at the point of death.

articulation [aʀtikylɑsjɔ̃] *nf (os)* joint; *(doigts)* knuckle; *(Tech, Ling)* articulation; *(discours)* link. ◆ **articuler** (1) *vt (gén)* to articulate; *(prononcer)* to pronounce.

artifice [aʀtifis] *nm* trick. *(Art)* **l'~** artifice. ◆ **artificiel, -elle** *adj* artificial.

artillerie [aʀtijʀi] *nf* artillery.

artimon [aʀtimɔ̃] *nm* mizzen.

artisan [aʀtizɑ̃] *nm* craftsman, artisan. ◆ **artisanal, e, mpl -aux** *adj* : **fabrication ~e** production by craftsmen. ◆ **artisanat** *nm (métier)* craft industry; *(classe sociale)* artisans.

artiste [aʀtist(ə)] *nmf (peintre etc)* artist; *(music-hall)* artiste, entertainer. ◆ **artistique** *adj* artistic.

as [ɑs] nm (lit, fig) ace. l'~ de l'école the school's star pupil; c'est passé à l'~ it went unnoticed.

ascendant, e [asɑ̃dɑ̃, ɑ̃t] — **1** adj rising, upward. — **2** nm (influence) ascendancy (sur over). (parents) ~s ascendants.

ascenseur [asɑ̃sœʀ] nm lift, elevator (US).

ascension [asɑ̃sjɔ̃] nf (gén) ascent; (sociale) rise. (Rel) l'A~ Ascension Day; faire l'~ d'une montagne to climb a mountain.

ascète [asɛt] nm ascetic.

ascétique [asetik] adj ascetic.

asiatique [azjatik] adj, A~ nmf Asian. ◆ **Asie** nf Asia.

asile [azil] nm refuge; (politique, de fous) asylum. ~ de vieillards old people's home.

aspect [aspɛ] nm (allure) look, appearance; (angle) aspect. d'~ sinistre sinister-looking.

asperge [aspɛʀʒ(ə)] nf asparagus.

asperger [aspɛʀʒe] (3) vt to splash (de with).

aspérité [asperite] nf bump.

asphalte [asfalt(ə)] nm asphalt.

asphyxie [asfiksi] nf suffocation, asphyxiation. ◆ **asphyxier** (7) vt to suffocate, asphyxiate.

aspirateur [aspiʀatœʀ] nm vacuum cleaner, hoover ®.

aspiration [aspiʀasjɔ̃] nf (a) (air) inhalation; (Ling) aspiration; (liquide) sucking up. (b) (ambition) aspiration, longing (à for). ◆ **aspirer** (1) — **1** vt to inhale: to suck up; to aspirate. — **2 aspirer à** vt indir to aspire to.

aspirine [aspiʀin] nf aspirin.

assagir vt, **s'assagir** vpr [asaʒiʀ] (2) to quieten down.

assaillant, e [asajɑ̃, ɑ̃t] nm,f assailant. ◆ **assaillir** (13) vt to assail (de with).

assainir [aseniʀ] (2) vt (logement) to clean up; (air) to purify; (finances) to stabilize. ◆ **assainissement** nm cleaning up; stabilization.

assaisonnement nm [asɛzɔnmɑ̃] nm seasoning; (salade) dressing. ◆ **assaisonner** (1) vt to season; to dress.

assassin [asasɛ̃] nm (gén) murderer; (Pol) assassin. ◆ **assassinat** nm murder; assassination. ◆ **assassiner** (1) vt to murder; to assassinate.

assaut [aso] nm assault, attack (de on). donner l'~ to attack; prendre d'~ to storm.

assèchement [asɛʃmɑ̃] nm drainage. ◆ **assécher** (6) vt to drain.

assemblage [asɑ̃blaʒ] nm (action) assembling; (structure) assembly; (collection) collection. ◆ **assemblée** nf meeting; (Pol) assembly. l'~ des fidèles the congregation. ◆ **assembler** vt, **s'assembler** vpr (1) to assemble.

asséner [asene] (5) vt (coup) to strike.

assentiment [asɑ̃timɑ̃] nm assent (à to).

asseoir [aswaʀ] (26) — **1** vt (a) ~ qn to sit sb down. (personne couchée) to sit sb up; faire ~ qn to ask sb to sit down. **assis** à sit sb up: (b) être assis to sit down; (personne assise) sitting ou seated. assis entre deux chaises in an awkward position. (c) (réputation) to establish. (d) (*: stupéfier) to stagger, stun. — **2 s'asseoir** vpr to sit down: to sit up.

assermenté, e [asɛʀmɑ̃te] adj sworn.

assertion [asɛʀsjɔ̃] nf assertion.

asservir [asɛʀviʀ] (2) vt (personne) to enslave; (pays) to subjugate. ◆ **asservissement** nm (action) enslavement; (état) slavery (à to).

assesseur [asesœʀ] nm assessor.

assez [ase] adv (a) enough. ~ grand big enough; pas ~ souvent not often enough; avez-vous acheté ~ de pain? have you bought enough bread?; il n'est pas assez ~ sot pour le croire he is not so stupid as to believe him. (b) (intensif) agréable etc) rather, quite. il était ~ tard it was quite ou fairly late; j'en ai ~ de toi! I've had enough of you!, I'm fed up with you!

assidu, e [asidy] adj (ponctuel) regular; (appliqué) assiduous, painstaking. ◆ **assiduité** nf regularity; assiduity (à to).

assiéger [asjeʒe] (3 et 6) vt to besiege.

assiette [asjɛt] nf plate. ~ plate dinner plate; ~ creuse soup plate; ~ anglaise assorted cold roast meats; il n'est pas dans son ~ he's feeling out of sorts. ◆ **assiettée** nf plateful.

assigner [asiɲe] (1) vt (place) to assign, allocate; (but) to set, fix (à to). ~ à comparaître to summons; ~ qn à résidence to put sb under house arrest.

assimilation [asimilasjɔ̃] nf (gén) assimilation; (comparaison) comparison (à to); (classification) classification (à as). ◆ **assimiler** (1) vt to assimilate. ~ qn à (comparer) to liken ou compare sb to; (classer) to class sb as.

assis, e [asi, iz] adj V asseoir.

assise² [asiz] nf basis.

assises [asiz] nfpl: les ~ the assizes.

assistance [asistɑ̃s] nf (a) (spectateurs) audience. (b) (aide) assistance; (légale, technique) aid. l'A~ publique ≈ the Health Service; enfant de l'A~ child in care. (c) (présence) attendance. ~e sociale social worker; (spectateurs) les ~ those present.

assister [asiste] (1) — **1 assister à** vt indir (cérémonie, cours) to attend; (spectacle) to be at; (événement) to witness. — **2** vt (aider) to assist.

association [asɔsjasjɔ̃] nf (gén) association; (collaboration) partnership. ◆ **associé, e** nm,f partner. ◆ **associer** (7) — **1** vt (gén) to associate (à with). ~ qn à (affaire) to make sb a partner in; (triomphe) to include sb in. — **2 s'associer** vpr (s'unir) to join together. (Comm) to form a partnership; s'~ à qch to associate o.s. with sth.

assoiffé, e [aswafe] adj thirsty.

assombrir [asɔ̃bʀiʀ] (2) — **1** vt (lit) to darken; (fig) to fill with gloom. — **2 s'assombrir** vpr to darken; to become gloomy.

assommer [asɔme] (1) vt (étourdir) to stun; (*: ennuyer) to bore.

Assomption [asɔ̃psjɔ̃] nf: l'~ the Assumption.

assortiment [asɔʀtimɑ̃] nm assortment.

assortir [asɔʀtiʀ] (2) vt (accorder) to match. (accompagner) ~ qch de to accompany sth with; écharpe assortie matching scarf.

assoupir (s') [asupiʀ] (2) vpr to doze off. il est assoupi he is dozing. ◆ **assoupissement** nm doze.

assouplir [asupliʀ] (2) — **1** vt (objets) to make supple; (règlements) to relax. — **2 s'assouplir** vpr to become supple; to relax. ◆ **assouplissement** nm suppling up; relaxing.

assourdir [asurdir] (2) vt (personne) to deafen; (étouffer) to deaden, muffle.

assouvir [asuvir] (2) vt (faim etc) to satisfy. ◆ **assouvissement** nm satisfaction.

assujettir [asyʒetir] (2) vt (peuple) to subjugate. ~ **qn à une règle** to subject sb to a rule. **assujetti à une taxe** subject to duty. ◆ **assujettissement** nm subjection.

assumer [asyme] (1) vt (responsabilité) to take on, assume; (poste) to hold; (rôle) to fulfil; (conséquence) to accept.

assurance [asyrɑ̃s] nf (confiance) self-confidence, (self-)assurance; (garantie) assurance; (contrat) insurance policy; (firme) insurance company. ~ **sur la vie** life insurance; **être aux ~s sociales** ≃ to be in the National Insurance scheme.

assuré, e [asyre] — **1** adj (gén) assured; (démarche) steady. **mal ~** unsteady; **du succès sure of success.** — **2** nm,f policyholder. ◆ **assurément** adv assuredly.

assurer [asyre] (1) — **1** vt (a) ~ **à qn que** to assure sb that; ~ **que** to affirm that; ~ **qn de qch** to assure sb of sth. (b) (maison etc) to insure (contre against). (c) (surveillance) to maintain; (service) to provide. ~ **la protection de** to protect. (d) (succès, paix) to ensure; (prise) to steady; (Alpinisme) to belay. — **2 s'assurer** vpr to insure o.s. s'~ **la vie** to insure one's life; s'~ **la victoire** to secure ou ensure victory; s'~ **de qch** to make sure of sth, check sth. ◆ **assureur** nm (agent) insurance agent; (société) insurance company.

astérisque [asterisk(ə)] nm asterisk.

asthme [asm(ə)] nm asthma.

asticot [astiko] nm maggot.

astiquer [astike] (1) vt to polish.

astre [astr(ə)] nm star.

astreindre [astrɛ̃dr(ə)] (49) vt : ~ **qn à faire** to compel ou force sb to do; s'~ **à qch** to compel ou force o.s. to do sth; **astreignant** exacting, demanding. ◆ **astreinte** nf constraint.

astrologie [astrɔlɔʒi] nf astrology. ◆ **astrologue** nm astrologer.

astronaute [astronot] nmf astronaut. ◆ **astronautique** nf astronautics (sg).

astronome [astronom] nm astronomer. ◆ **astronomie** nf astronomy. ◆ **astronomique** adj astronomical.

astuce [astys] nf (adresse) cleverness; (truc) trick; (jeu de mot) pun. ◆ **astucieux, -ieuse** adj clever.

atelier [atəlje] nm (ouvrier) workshop; (artiste) studio.

athée [ate] — **1** adj atheistic. — **2** nmf atheist. ◆ **athéisme** nm atheism.

athlète [atlɛt] nmf athlete. ◆ **athlétique** adj athletic. ◆ **athlétisme** nm athletics (sg).

atlantique [atlɑ̃tik] adj, nm Atlantic.

atlas [atlas] nm atlas.

atmosphère [atmosfɛr] nf atmosphere. ◆ **atomique** adj atomic.

atome [atom] nm atom. ◆ **atomique** adj atomic.

atout [atu] nm (Cartes) trump; (avantage) asset. ~ **cœur** hearts are trumps.

âtre [ɑtr(ə)] nm hearth.

atroce [atrɔs] adj (crime) atrocious; (douleur) excruciating; (temps etc) dreadful. ◆ **atrocité** nf atrocity.

attabler (s') [atable] (1) vpr to sit down at the table.

attache [ataʃ] nf (boucle) fastener. (lit, fig : liens) ~**s** ties. ◆ **attaché e** nm (Pol, Presse) attaché; (Admin) assistant. ◆ **attachement** nm attachment (à to). ◆ **attacher** (1) vt **(a)** (animal, paquet) to tie up; (ensemble) to tie together; (ceinture) to do up, fasten. (robe) s'~ **dans le dos** to do up at the back. **(b)** (importance, valeur) to attach (à to). **être attaché à qch** to be attached to sth.

attaquant, e [atakɑ̃, ɑ̃t] nm,f attacker. ◆ **attaque** nf (gén) attack. **passer à l'~** to move into the attack; **être d'~** to be on form. ◆ **attaquer** (1) vt (gén) to attack; (problème) to tackle; (commencer) to begin. ~ **qn en justice** to bring an action against sb; s'~ **à** (gén) to attack; (problème) to tackle.

attarder (s') [atarde] (1) vpr to linger. **attardé** (en retard) late; (mentalement) backward.

atteindre [atɛ̃dr(ə)] (49) vt **(a)** (lieu, objectif) to reach. **cette tour atteint 30 mètres** this tower is 30 metres high; ~ **à la perfection** to attain ou achieve perfection. **(b)** (contacter) to contact. **(c)** (pierre, tireur) to hit (à in); (maladie, reproches) to affect. **être atteint de** to be suffering from. ◆ **atteinte** nf attack (à on).

attelage [atlaʒ] nm team. ◆ **atteler** (4) vt to hitch up (à to). s'~ **à** (tâche) to get down to.

attenant, e [atnɑ̃, ɑ̃t] adj : ~ (à) adjoining.

attendre [atɑ̃dr(ə)] (41) — **1** vt (a) ~ **qn** to wait for sb; ~ **la fin** to wait until the end; ~ **10 minutes** to wait 10 minutes; **nous attendons qu'il vienne** we are waiting for him to come; **le dîner nous attend** dinner is ready (for us); **une surprise l'attend** there's a surprise awaiting him ou in store for him; **en attendant** in the meantime; **attendez un peu** wait a second; **ces fruits ne peuvent pas** ~ this fruit won't keep; **faire ~ qn** to keep sb waiting; **se faire ~** to be a long time coming. **(b)** (escompter) ~ **qch de qn** to expect sth from sb; ~ **un enfant** to be expecting a baby. — **2 s'attendre** vpr : s'~ **à qch** to expect sth; **je m'attends à ce qu'il écrive** I expect him to write.

attendrir [atɑ̃drir] (2) vt (viande) to tenderize; (personne) to move (to pity). s'~ to be moved (sur by). ◆ **attendri, e** adj tender. ◆ **attendrissant, e** adj moving. ◆ **attendrissement** nm emotion.

attendu, e [atɑ̃dy] — **1** adj (espéré) longawaited; (prévu) expected. — **2** prép given, considering (que that).

attentat [atɑ̃ta] nm (gén) attack (contre on); (meurtre) murder attempt. ~ **à la bombe** bomb attack.

attente [atɑ̃t] nf (gén) wait; (espoir) expectation. **dans l'~ de** qch waiting for sth.

attenter [atɑ̃te] (1) vi : ~ **à** (gén) to attack; (vie) to make an attempt on.

attentif, -ive [atɑ̃tif, iv] adj (gén) attentive; (examen) careful, close. ◆ **attentivement** adv attentively; carefully, closely.

attention [atɑ̃sjɔ̃] nf (gén) attention; (soin) care. **avec ~** (écouter) attentively; (examiner) carefully, closely; ~! watch!, mind!, careful!; ~ **à la marche** mind the step; ~ **à la peinture** (caution) wet paint; **faire ~** be careful; **prêter** ~ **à qch** to pay attention to sth. ◆ **atten-**

atténuer [atenɥe] (1) — **1** vt (douleur) to ease; (propos) to tone down; (punition) to mitigate; (son, coup) to soften. — **2 s'atténuer** vpr (douleur, bruit) to die down; (violence) to subside.

atterré, e adj thoughtful, considerate (pour towards).

atterrer [atere] (1) vt to dismay, appal.

atterrir [aterir] (2) vi to land, touch down.

♦ **atterrissage** nm landing.

attestation [atɛstɑsjɔ̃] nf certificate. ♦ **attester** (1) vt ~ (de) **qch** to testify to sth.

attier* [atje] (1) vt (habiller) to get up*.

attirail* [atiraj] nm gear.

attirance [atirɑ̃s] nf attraction (pour for). ♦ **attirant, e** adj attractive. ♦ **attirer** (1) vt (gén) to attract; (en appâtant) to lure, entice; (foule) to draw; (sympathie) to win, gain. ~ **l'attention de qn sur qch** to draw sb's attention to sth; **tu vas t'~ des ennuis** you're going to bring trouble upon yourself.

attiser [atize] (1) vt (feu) to poke up.

attitré, e [atitre] adj (habituel) regular; (agréé) accredited.

attitude [atityd] nf (maintien) bearing; (comportement) attitude.

attouchement [atuʃmɑ̃] nm attraction.

attraction [atraksjɔ̃] nf attraction.

attrait [atrɛ] nm appeal, attraction.

attrape [atrap] nf (farce) trick. ♦ **attrape-nigaud*** nm con*.

attraper [atrape] (1) vt (a) (prendre) to catch; (accent) to pick up. **tu vas ~ froid** you'll catch cold. (b) (gronder) to tell off*. **se faire ~ par qn** to get a telling off from sb*. (c) (tromper) to take in.

attrayant, e [atrejɑ̃, ɑ̃t] adj attractive.

attribuer [atribɥe] (1) vt (gén) to attribute; (importance) to allocate (à to). **s'~ le meilleur rôle** to give o.s. the best role. ♦ **attribution** nf attribution.

attribut [atriby] nm attribute; (rôle, part) to allocate (à to). **s'~ le meilleur rôle** to give o.s. the best role. ♦ **attribution** nf attribution. ♦ **attribut** nm (symbole) attribute. adjectif ~ predicative adjective.

attrister [atriste] (1) vt to sadden.

attroupement [atrupmɑ̃] nm crowd. ♦ **s'attrouper** (1) vpr to form a crowd.

au [o] V **à**.

aubaine [obɛn] nf godsend; (financière) windfall.

aube [ob] nf (aurore) dawn, daybreak; (soutane) alb. **route à ~s** paddle wheel.

aubépine [obepin] nf hawthorn.

auberge [obɛrʒ(ə)] nf inn. ~ **de jeunesse** youth hostel. ♦ **aubergiste** nmf innkeeper.

aubergine [obɛrʒin] nf aubergine, eggplant.

aucun, e [okœ̃, yn] — **1** adj (neg) no, not any; (positif) any. **il n'a ~e preuve** he has no proof, he hasn't any proof. — **2** pron (neg) none; (quelqu'un) anyone. ~ **de ses enfants** none of his children; **d'~s** some. ♦ **aucunement** adv in no way.

audace [odas] nf (témérité) boldness, audacity; (originalité) daring. **avoir l'~ de** to dare to. ♦ **audacieux, -ieuse** adj bold, audacious; daring.

au-deçà, au-dedans V **deçà, dedans** etc.

audible [odibl(ə)] adj audible.

audience [odjɑ̃s] nf (entretien) audience; (Jur) hearing.

audio-visuel, -elle [odjovizɥɛl] adj audio-visual.

auditeur, -trice [oditœr, tris] nm,f listener.

audition [odisjɔ̃] nf (gén) hearing; (Mus : essai) audition. ♦ **auditoire** nm audience. ♦ **auditorium** nm (Rad) public studio.

auge [oʒ] nf trough.

augmentation [ogmɑ̃tɑsjɔ̃] nf (action) increasing, raising (de of); (résultat) increase, rise (de in). ♦ **augmenter** (1) — **1** vt to increase, raise. — **qn de 50 F** to increase sb's salary by 50 francs. — **2** vi (gén) to increase; (prix) to rise, go up; (production, inquiétude) to grow.

augure [ogyr] nm (devin) oracle; (présage) omen. **de bon** ~ of good omen. ♦ **augurer** (1) vt to foresee (de from).

auguste [ogyst(ə)] adj august.

aujourd'hui [oʒurdɥi] adv today.

aumône [omon] nf alms. ♦ **aumônier** nm chaplain.

auparavant [oparavɑ̃] adv before.

auprès [oprɛ] prép : ~ **de** (près de) next to; (avec) with; (comparé à) compared with.

auquel [okɛl] V **lequel**.

auréole [oreɔl] nf halo; (tache) ring.

auriculaire [orikylɛr] nm little finger.

aurore [orɔr] nf dawn, daybreak.

ausculter [oskylte] (1) vt to auscultate.

auspices [ospis] nmpl auspices.

aussi [osi] — **1** adv **(a)** (également) too, also. **je suis fatigué et eux** ~ I'm tired and so are they and they are also too ou as well. **(b)** (comparaison) ~ **grand** etc **que** as tall etc as; **pas** ~ **souvent** etc **que** not so ou as often etc as; **ça m'a fait** ~ **mal** it hurt me just as much. **(c)** (si) so. **je ne te savais pas** ~ **bête** I didn't think you were so stupid; **une** ~ **bonne occasion** such a good opportunity. — **2** conj (donc) therefore.

aussitôt [osito] adv immediately. ~ **arrivé** as soon as he arrived.

austère [ostɛr] adj austere. ♦ **austérité** nf austerity.

austral, e, mpl ~s [ostral] adj southern.

Australie [ostrali] nf Australia. ♦ **australien, -ienne** adj, **A~, -ienne** nm,f Australian.

autant [otɑ̃] adv **(a)** (rapport) ~ **d'argent** etc **que** as much money etc as; **je ne peux pas en dire** ~ I can't say as much ou the same; ~ **d'arbres** etc **que** as many trees etc as. **(b)** (tant) ~ **de** (quantité) ~ **elle est avare** he is as generous as generous, ~ **elle est avare** he is as generous as she is miserly; **il peut crier** ~ **qu'il veut** he can scream as much as he likes. **(b)** (tant) ~ **de** (succès, eau) so much, (personnes) so many. **pourquoi travaille-t-il** ~? why does he work so much ou so hard? **(c)** ~ **d'~** it will be increased in proportion; **c'est d'~ plus dangereux qu'il n'y a pas de parapet** it is all the more dangerous since ou because there is no parapet. **(d)** (hypothèse) ~ **que possible** as much ou as far as possible; ~ **dire qu'il est fou** you might as well say that he's mad; **il ne vous remerciera pas pour** ~ for all that you won't get any thanks from him.

autel [otɛl] nm altar.

auteur [otœr] nm (gén) author; (femme) authoress; (opéra) composer; (tableau) painter. **l'~ de l'accident** the person who caused the accident.

authenticité [otātisite] *nf* authenticity. ♦ **authentifier** (7) *vt* to authenticate.
♦ **authentique** *adj* authentic.
auto [oto] — **1** *nf* car, automobile (*US*). — **2** *préf* (*gén*) self-. ~**discipline** *etc* self-discipline *etc*; ~**intoxication** auto-intoxication; ~**radio** car radio.
autobus [otobys] *nm* bus.
autocar [otokar] *nm* coach, bus (*US*).
autochtone [otoktɔn] *adj, nmf* native.
autocollant, e [otokɔlã, ãt] — **1** *adj* self-adhesive. — **2** *nm* sticker.
autodidacte [otodidakt(ə)] *adj* self-taught.
auto-école [otoekɔl] *nf* driving school.
autographe [otograf] *adj, nm* autograph.
automate [otomat] *nm* automaton.
automatique [otomatik] *adj* automatic. ♦ **automatiquement** *adv* automatically. ♦ **automatisation** *nf* automation. ♦ **automatiser** (1) *vt* to automate. ♦ **automatisme** *nm* automatism.
automitrailleuse [otomitrajøz] *nf* armoured car.
automne [otɔn] *nm* autumn, fall (*US*).
automobile [otomɔbil] — **1** *adj* motor. — **2** *nf* motor car, automobile (*US*). l'~ the car industry. ♦ **automobiliste** *nmf* motorist.
autonome [otonɔm] *adj* autonomous. ♦ **autonomie** *nf* autonomy.
autopsie [otopsi] *nf* autopsy, post-mortem examination.
autorail [otoraj] *nm* railcar.
autorisation [otoʀizasjɔ̃] *nf* permission; (*permis*) permit. ♦ **autoriser** (1) *vt* to give permission for, authorize. ~ **qn** to give sb permission *ou* authority (*à faire* to do).
♦ **autoritaire** [otoʀitɛʀ] *adj, nmf* authoritarian.
♦ **autorité** *nf* authority (*sur* over). les ~**s** the authorities; **faire** ~ to be authoritative.
autoroute [otoʀut] *nf* motorway, highway (*US*).
auto-stop [otostɔp] *nm* hitch-hiking. **faire de l'~** to hitch-hike; **prendre qn en** ~ to give a lift to sb. ♦ **auto-stoppeur, -euse** *nm,f* hitch-hiker.
autour [otuʀ] *adv, prép* ~ **(de)** around, round.
autre [otʀ(ə)] — **1** *adj indéf* other. **c'est une** ~ **question** that's another *ou* a different question; **elle a 2** ~**s enfants** she has 2 other *ou* 2 more children; **nous** ~**s Français** we Frenchmen; **j'ai d'**~**s chats à fouetter** I've other fish to fry; ~ **chose, Madame?** anything *ou* something else, madam?; ~ **part** somewhere else; **d'**~ **part** (*par contre*) on the other hand; (*de plus*) moreover; **c'est une** ~ **paire de manches*** that's another story. — **2** *pron indéf* l'~ the other (one); **un** ~ another (one); (*supplémentaire*) one more; **rien d'**~ nothing else; **personne d'**~ no one else; **il n'en fait jamais d'**~**s!** that's just typical of him; **il en a vu d'**~**s!** he's seen worse!, **les deux** ~**s** the other two, the two others; **d'une minute à l'**~ any minute.
autrefois [otʀəfwa] *adv* in the past.
autrement [otʀəmã] *adv* **(a)** (*différemment*) differently. **agir** ~ **que d'habitude** to act differently from usual; **comment aller à Londres** ~ **que par le train?** how can we get to London other than by train?; **on ne peut pas faire** ~ it's impossible to do otherwise; **il n'a pas pu faire** ~ **que de me voir** he couldn't help seeing me; ~ **dit** in other words. **(b)** (*sinon*) otherwise. **(c)**

(*comparatif*) ~ **intelligent** far more intelligent (*que* than).
Autriche [otʀiʃ] *nf* Austria. ♦ **autrichien, -ienne** *adj*, **A**~, ~**ienne** *nm,f* Austrian.
autruche [otʀyʃ] *nf* ostrich.
autrui [otʀɥi] *pron* others.
auvent [ovã] *nm* canopy.
aux [o] *V* **à**. ♦ **auxquels** *V* **lequel**.
auxiliaire [oksiljɛʀ] — **1** *adj* auxiliary. — **2** *nmf* (*assistant*) assistant. — **3** *nm* (*Gram, Mil*) auxiliary.
avachir (s') [avaʃiʀ] (2) to become limp.
aval [aval] *nm* : **en** ~ downstream (*de* from).
avalanche [avalɑ̃ʃ] *nf* avalanche.
avaler [avale] (1) *vt* to swallow. **il a avalé de travers** something went down the wrong way.
avance [avɑ̃s] *nf* **(a)** (*progression*) advance. **(b)** (*sur concurrent etc*) lead. **avoir de l'**~ **sur qn** to have a lead over sb. **(c) avoir de l'**~, **être en** ~ (*sur l'heure fixée*) to be early; (*sur l'horaire*) to be ahead of schedule; **ma montre prend de l'**~ my watch is gaining; **en** ~ **pour son âge** advanced for his age; **à l'**~, **d'**~ in advance, beforehand. **(d)** ~ **(de fonds)** advance; ~**s** (*ouvertures*) overtures; (*galantes*) advances.
♦ **avancé, e** [avɑ̃se] *adj* advanced. **à une heure** ~**e de la nuit** late at night; **d'un âge** ~ well on in years; **nous voilà bien** ~**s!*** a long way that's got us!
♦ **avancement** [avɑ̃smã] *nm* (*promotion*) promotion; (*progrès*) progress.
♦ **avancer** [avɑ̃se] (3) — **1** *vt* **(a)** (*objet*) to move forward; (*main*) to hold out; (*pendule, hypothèse*) to put forward; (*date*) to bring forward. **(b)** (*faire progresser*) (*travail*) to speed up. **cela ne t'avancera à rien de crier*** you won't get anywhere by shouting. **(c)** (*argent*) to advance; (** : *prêter*) to lend. — **2** *vi* **(a)** (*personne*) to move forward, advance; (*travail*) to make progress. **faire** ~ (*travail*) to speed up; (*science*) to further; ~ **en grade** to get promotion; **tout cela n'avance à rien** that doesn't get us any further *ou* anywhere. **(b)** (*montre*) ~ **de 10 minutes par jour** to gain 10 minutes a day; **j'avance de 10 minutes** I'm 10 minutes fast. **(c)** (*cap*) to project, jut out (*dans* into); (*mention*) to protrude. — **3 s'avancer** *vpr* to move forward, advance; (*fig* : *s'engager*) to commit o.s. **il s'avança vers nous** he came towards us.
avanie [avani] *nf* snub.
avant [avã] — **1** *prép* before. ~ **que je ne parte** before I leave; **pas** ~ **10 heures** not until *ou* before 10; ~ **un mois** within a month; ~ **peu** shortly; ~ **tout** above all; **en classe, elle est** ~ **sa sœur** at school she is ahead of her sister. — **2** *adv* **(a)** (*temps*) before, **quelques mois** ~ a few months before *ou* previously *ou* earlier; **le train d'**~ **était plein** the previous train was full. **(b)** (*espace*) **être en** ~ to be in front, be ahead; **en** ~, **marche!** forward march!; (*fig*) **mettre qch en** ~ to put sth forward; **aller plus** ~ to go no further. — **3** ~ (*voiture, train*) front; (*navire*) bow, stem; (*Sport : joueur*) forward. **aller de l'**~ to forge ahead.
— **4** *adj inv* (*roue etc*) front.
— **5** *préf inv* ~**bras** forearm; ~**centre** centre-forward; **signe** ~**coureur** forerunner; ~**der-**

nier last but one; **Pol** vanguard; (*Art, Pol*) avant-garde; **~goût** foretaste; **~hier** the day before yesterday; **~poste** outpost; **~pre-mière** preview; **~projet** pilot study; **~pro-pos** foreword; **l'~veille de** two days before.

avantage [avɑ̃taʒ] *nm* **(a)** (*gén*) advantage. **j'ai ~ à l'acheter** it's worth my while to buy it; **c'est à ton ~** it's to your advantage. **(b)** (*gain*) benefit. **~s en nature** benefits in kind. **(c)** (*plaisir*) pleasure. ◆ **avantager (3)** *vt* to favour; (*mettre en valeur*) to flatter. ◆ **avanta-geux, -euse** *adj* worthwhile, profitable; (*prix*) attractive; (*portrait*) flattering.

avare [avar] — **1** *adj* miserly. **~ de (paroles)** sparing of. — **2** *nmf* miser. ◆ **avarice** *nf* miserliness.

avarie [avari] *nf* : **~(s)** damage. ◆ **avarier (s')** [avarje] (7) *vpr* to go bad, rot. **viande avariée** rotting meat.

avatar [avatar] *nm* (*péripéties*) **~s** misadventures.

avec [avɛk] *prép et adv* (*gén*) with; (*envers*) to. **c'est fait ~ du plomb** it's made of lead; **gentil ~ qn** kind to sb; **séparer qch d'~ qch d'autre** to separate sth from sth else; **tiens mes gants, je ne peux pas conduire ~** hold my gloves, I can't drive with them on.

avenant, e [avnɑ̃, ɑ̃t] — **1** *adj* pleasant. — **2** *nm* **(a)** **à l'~** in keeping (*de* with). **(b)** (*contrat*) endorsement.

avènement [avɛnmɑ̃] *nm* (*roi*) accession (*à* to); (*régime, idée*) advent.

avenir [avnir] *nm* future. **dans un proche ~** in the near future; **à l'~** from now on, in future; **il a de l'~** he's a man with a future *ou* with good prospects.

aventure [avɑ̃tyʀ] *nf* (*péripétie*) adventure; (*entreprise*) venture; (*amoureuse*) affair; (*malencontreuse*) experience. **si, par ~ ou d'~** if by any chance. ◆ **aventurer (1)** — **1** *vt* to risk. — **2 s'aventu-rer** *vpr* to venture (*dans* into, *à faire* to do). ◆ **aventureux, -euse** *adj* (*personne*) adventurous; (*projet*) risky. ◆ **aventurier** *nm* adventurer. ◆ **aventurière** *nf* adventuress.

avenue [avny] *nf* avenue.

avérer (s') [avere] (6) *vpr* : **il s'avère que** it turns out that.

averse [avɛʀs(ə)] *nf* shower.

aversion [avɛʀsjɔ̃] *nf* aversion (*pour* to), loathing (*pour* for).

avertir [avɛʀtiʀ] (2) *vt* (*mettre en garde*) to warn; (*renseigner*) to inform (*de qch* of sth). **public averti** informed public. ◆ **avertissement** *nm* warning. ◆ **avertisseur** *nm* horn.

aveu, pl ~x [avø] *nm* : **~x** confession, admission.

aveugle [avœgl(ə)] — **1** *adj* blind (*à qch* to sth). **devenir ~** to go blind. — **2** *nmf* blind man (*ou* woman). **les ~s** the blind. ◆ **aveuglement** *nm* blindness. ◆ **aveuglément** *adv* blindly. ◆ **aveugler (1)** *vt* to blind. ◆ **aveuglette** *nf* : **à l'~** (*décider*) blindly; **avancer à l'~** to grope one's way along.

aviateur, -trice [avjatœʀ, tʀis] *nm,f* aviator, pilot. ◆ **aviation** *nf* : **l'~** (*sport, métier*) flying; (*secteur*) aviation; (*Mil*) the air force.

avide [avid] *adj* (*cupide*) greedy; (*ardent*) avid, eager (*de qch* for sth). ◆ **avidité** *nf* greed; eagerness, avidity (*de* for).

avilir [aviliʀ] (2) *vt* to degrade. ◆ **avilissement** *nm* degradation.

aviné, e [avine] *adj* inebriated.

avion [avjɔ̃] *nm* (air)plane, aircraft (*pl inv*). **aller à Paris en ~** to go to Paris by air *ou* by plane, fly to Paris; **par ~** by air(mail); **~ de chasse** fighter (plane); **~ de ligne** airliner; **~ à réaction** jet (plane).

aviron [avirɔ̃] *nm* (*rame*) oar; (*sport*) rowing. **faire de l'~** to row.

avis [avi] *nm* **(a)** opinion. **être de l'~ de qn** to agree with sb; **à mon ~** in my opinion, to my mind. **(b)** (*conseil*) **un ~** a piece of advice, some advice. **(c)** (*notification*) notice. **jusqu'à nouvel ~** until further notice; **~ de crédit** credit advice.

aviser [avize] (1) — **1** *vt* (*avertir*) to advise, inform, notify (*de* of); (*apercevoir*) to notice. — **2** *vi* to decide what to do. — **3 s'aviser** *vpr* : **s'~ de qch** to realize sth suddenly; **s'~ de faire qch** to take it into one's head to do sth. ◆ **avisé, e** *adj* sensible, wise. **bien ~** well advised.

aviver [avive] (1) *vt* (*douleur*) to sharpen; (*chagrin*) to deepen; (*désir*) to arouse; (*colère, souvenirs*) to stir up.

avocat, e [avɔka, at] — **1** *nm,f* (*fonction*) barrister, attorney-at-law; (*USI*; (*fig*) advocate. **consulter son ~** to consult one's lawyer; **l'accusé et son ~** the accused and his counsel; **~ général** counsel for the prosecution. — **2** *nm* (*fruit*) avocado (pear).

avoine [avwan] *nf* oats.

avoir [avwaʀ] (34) — **1** *vt* **(a)** (*gén*) to have; (*chapeau etc*) to have on, wear; (*âge, forme, couleur*) to be; (*chagrin etc*) to feel; (*geste*) to make; (*attendre*) to get. **il n'a pas d'argent** he has no money, he hasn't got any money; **on les aura!** we'll get them!; **il a les mains qui tremblent** his hands are shaking; **~ 3 mètres de haut** to be 3 metres high; **~ faim** to be *ou* feel hungry; **qu'est-ce qu'il a?** what's the matter with him? **(b)** (**: duper*) to take in, con*. **se faire ~** to be had*; **on ~ après ou contre qn*** to be mad at* *ou* cross with sb; **j'en ai pour 10 F** it costs me 10 francs; **tu en as pour combien de temps?** how long will it take you? — **2** *vb aux* **(a)** (*avec ptp*) **dis-moi si tu l'as vu** tell me if you have seen him; **je l'ai vu hier** I saw him yesterday; **il a dû trop manger he must have eaten too much. **(b)** (+ *infin* : *devoir*) **j'ai à travailler** I have to work, I must work; **il n'a pas à se plaindre** he can't complain; **vous n'avez pas à vous en soucier** you needn't worry about it; **vous n'avez qu'à lui écrire** just write to him; **vous aurez votre robe nettoyée** your dress will be cleaned. — **3** *vb impers* **(a)** **il y a** (*avec sg*) there is; (*avec pl*) there are; **il y avait beaucoup de gens** there were a lot of people; **il n'y a pas de quoi** don't mention it; **qu'y a-t-il?** what's the matter?; **il n'y a que lui pour faire cela!** only he would do that!; **il n'y a qu'à les laisser partir** just let them go. **(b)** (*temps*) **il y a 10 ans que je le connais** I have known him (for) 10 years; **il y a 10 ans, nous étions à Paris** 10 years ago we were in Paris. **(c)** *(distance)* **il y a 10 km d'ici à Paris** it is 10 km from here to Paris. **~s holdings.** — **4** *nm (bien)* resources; *(crédit)* credit. **~s holdings.**

avoisiner [avwazine] (1) *vt* to border on. ◆ **avoisinant, e** *adj* neighbouring.

avortement [avɔʀtəmɑ̃] *nm* abortion. ◆ **avorter** (1) *vi (projet)* to fail. *(personne) (se faire)* **~ to have an abortion.**

avoué, e [avwe] — **1** *adj* avowed. — **2** *nm* ≃ solicitor, attorney at law *(US)*.

avouer [avwe] (1) — **1** *vt (amour)* to confess; *(fait)* to admit; *(crime)* to admit to, confess to.

s'~ vaincu to admit defeat. — **2** *vi (coupable)* to confess, own up.

avril [avʀil] *nm* April. **V septembre.**

axe [aks(ə)] *nm (Tech)* axle; *(Math)* axis; *(route)* main road. **être dans l'~** to be on the same line *(de* as). ◆ **axer** (1) *vt* : **~ qch sur** to centre sth on.

axiome [aksjom] *nm* axiom.

azalée [azale] *nf* azalea.

azote [azɔt] *nf* nitrogen.

azur [azyʀ] *nm (couleur)* azure; *(ciel)* sky.

B, b [be] *nm (lettre)* B, b.
babiller [babije] (1) *vi (bébé)* to twitter.
babines [babin] *nfpl (Zool, fig)* chops.
babiole [babjɔl] *nf (bibelot)* trinket; *(vétille)* trifle; *(petit cadeau)* token gift.
bâbord [babɔʀ] *nm* port side. **à** ~ to port.
babouin [babwɛ̃] *nm* baboon.
bac [bak] *nm* (a) *abrév de baccalauréat.* (b) *(bateau)* ferryboat. ~ **à voitures** car-ferry. (c) *(récipient)* tank, vat; *(évier)* sink. ~ **à glace** ice-tray.
baccalauréat [bakalɔʀea] *nm* ≃ G.C.E. A-levels.
bâche [baʃ] *nf* canvas cover. ~ **goudronnée** tarpaulin.
bachelier, -ière [baʃəlje, jɛʀ] *nm,f holder of the baccalauréat.*
bachotage [baʃɔtaʒ] *nm* cramming. ◆ **bacho-ter** (1) *vi* to cram (for an exam).
bâcler [bɑkle] (1) *vt* to scamp. **c'est du travail bâclé** it's slapdash work.
bactérie [bakteʀi] *nf* bacterium *(pl bacteria).*
badaud [bado] *nm (curieux)* curious onlooker; *(promeneur)* stroller.
badigeonner [badiʒɔne] (1) *vt (à la chaux)* to whitewash; *(péj : peindre)* to daub *(de with); (plaie)* to paint (à. avec with).
badine [badin] *nf* switch.
badinage [badinaʒ] *nm* banter. ◆ **badiner** (1) *vi* to joke. **il ne badine pas sur la discipline** he's strict on discipline; **et je ne badine pas!** I'm not joking!

baffe* [baf] *nf* slap, clout.
bafouer [bafwe] (1) *vt* to deride, ridicule.
bafouiller [bafuje] (1) *vi* to splutter, stammer.
bâfrer [bɑfʀe] (1) *vi* to guzzle, gobble.
bagage [bagaʒ] *nm (valise)* bag; *(Mil)* kit; *(diplômes)* qualifications. ~**s** luggage, baggage; **faire ses** ~**s** to pack; ~**s à main** hand luggage. ◆ **bagagiste** *nm* baggage handler.
bagarre [bagaʀ] *nf* fight, brawl. **aimer la** ~ to love fighting. ◆ **se bagarrer*** (1) *vpr* to fight.
bagatelle [bagatɛl] *nf* trifle. **c'est une** ~ it's nothing, it's a trifle.
bagnard [baɲaʀ] *nm* convict. ◆ **bagne** *nm (prison)* penal colony; *(peine)* hard labour. **quel** ~!* what a grind!*
bagnole* [baɲɔl] *nf* car, buggy.
bagou(t)* [bagu] *nm* : **avoir du** ~ to have the gift of the gab.
bague [bag] *nf* ring.

baguenauder (se)* [bagnode] (1) *vpr* to mooch about*, trail around.
baguette [bagɛt] *nf (bois)* switch, stick; *(pain)* stick of French bread. ~ **de chef d'orchestre** conductor's baton; ~ **magique** magic wand; **manger avec des** ~**s** to eat with chopsticks; **mener qn à la** ~ to rule sb with an iron hand.
bah [ba] *excl (indifférence)* pooh!; *(doute)* really!
bahut [bay] *nm (coffre)* chest; *(buffet)* side-board; (*: lycée)* school.
baie [bɛ] *nf (golfe)* bay; *(fenêtre)* picture window; *(fruit)* berry.
baignade [bɛɲad] *nf (bain)* bathe; *(lieu)* bathing place. **aimer la** ~ to like bathing.
baigner [beɲe] (1) — **1** *vt (gén)* to bathe; **bébé** to bath a baby; **visage baigné de larmes** face bathed in tears; **chemise baignée de sueur** sweat-soaked shirt. — **2** *vi (linge, fruits)* to soak *(dans in)*; ~ **dans la graisse** to lie in a pool of grease; ~ **dans la brume** to be shrouded in mist; **tout baigne dans l'huile*** every-thing's looking great*.* — **3 se baigner** *vpr (mer)* to go bathing; *(piscine)* to go swimming; *(baignoire)* to have a bath. ◆ **baigneur, -euse** — **1** *nm,f* swimmer. — **2** *nm (jouet)* baby doll.
baignoire [bɛɲwaʀ] *nf (bain)* bath; *(Théât)* ground floor box.
bail [baj], *pl* **baux** [bo] *nm* lease. **ça fait un** ~!* it's ages *(que since).*
bâillement [bɑjmɑ̃] *nm* yawn. ◆ **bâiller** (1) *vi (personne)* to yawn *(de with); (col)* to gape.
bailleur [bajœʀ] *nm* lessor. ~ **de fonds** backer.
bâillon [bɑjɔ̃] *nm* gag. ◆ **bâillonner** (1) *vt* to gag.

bain [bɛ̃] *nm (gén)* bath; *(de mer)* bathe; *(en nageant)* swim; *(piscine)* **petit** ~ shallow end; **grand** ~ deep end; *(lieu)* ~**s publics** public baths; **prendre un** ~ to have a bath; **prendre un** ~ **de soleil** to sunbathe; **prendre un** ~ **de foule** to go on a walkabout; **faire chauffer au** ~**-marie** to heat in a double boiler; **nous sommes tous dans le même** ~ we're all in the same boat; **tu seras vite dans le** ~ you'll soon get the hang of it*.
baïonnette [bajɔnɛt] *nf* bayonet.
baiser [beze] — **1** *nm* kiss. *(fin de lettre)* **bons** ~**s** much love. — **2** (1) *vt* to kiss.
baisse [bɛs] *nf* fall, drop *(de in)*. **être en** ~ to be falling *ou* dropping; ~ **sur le beurre** butter down in price.
baisser [bese] (1) — **1** *vt (bras, objet, voix)* to lower; *(chauffage)* to turn down; *(prix)* to

bring down, reduce. **baisse la branche** pull the branch down; ~ **les yeux** to look down, lower one's eyes; (*fig*) ~ **les bras** to give up; ~ **ses phares** to dip one's headlights. — **2** *vi* (*gén*) to fall, drop; (*provisions*) to run *ou* get low; (*soleil*) to go down, sink; (*forces*) to fail. **il a baissé dans mon estime** he has sunk *ou* gone down in my estimation; **le jour baisse** the light is failing. — **3 se baisser** *vpr* (*pour ramasser*) to bend down, stoop; (*pour éviter*) to duck.

bal, *pl* ~**s** [bal] *nm* (*réunion*) dance; (*de gala*) ball; (*lieu*) dance hall. **aller au** ~ to go dancing; ~ **costumé** fancy dress ball.

balade* [balad] *nf* walk; (*en auto*) run. ◆ **balader*** (1) — **1** *vt* (*trainer*) to trail round; (*promener*) to take for a walk; (*en auto*) to take for a run. — **2 se balader** *vpr* to go for a walk, to go for a run.

balafre [balafʀ(ə)] *nf* (*blessure*) gash; (*cicatrice*) scar. ◆ **balafrer** (1) *vt* to gash; to scar.

balai [balɛ] *nm* broom, brush. **passer le** ~ to give the floor a sweep; ~**brosse** long-handled scrubbing brush.

balance [balɑ̃s] *nf* (*gén*) pair of scales; (*à bascule*) weighing machine; (*de chimiste*) balance; (*fig : équilibre*) balance; (*Pêche*) drop-net. (*Astron*) **la B**~ Libra; **mettre dans la** ~ **le pour et le contre** to weigh up the pros and cons; (*fig*) **faire pencher la** ~ to tip the scales; ~ **commerciale** balance of trade. ◆ **balancer** [balɑ̃se] (3) — **1** *vt* (*gén*) to swing; (*branches, bateau*) to rock; (** : lancer*) to fling, chuck*. (** : se débarrasser de*) to chuck out*. — **2 se balancer** *vpr* (*gén*) to swing; (*bateau*) to rock; (*branches*) to sway; (*sur bascule*) to seesaw. **je m'en balance*** I couldn't care less about it. ◆ **balancier** *nm* (*pendule*) pendulum; (*équilibriste*) pole. ◆ **balancoire** *nf* (*suspendue*) swing; (*sur pivot*) seesaw. **faire de la** ~ to have a go on a swing (*ou* a seesaw).

balayer [balɛje] (8) *vt* (*poussière*) to sweep up; (*trottoir*) to sweep; (*objection*) to brush *ou* sweep aside. ~ **le ciel** (*phare*) to sweep across the sky; (*radar*) to scan the sky. ◆ **balayette** *nf* small handbrush. ◆ **balayeur, -euse** *nmf* road-sweeper.

balbutiement [balbysimɑ̃] *nm* : ~**s** stammering; (*bébé*) babbling; (*fig : débuts*) beginnings. ◆ **balbutier** [balbysje] (7) *vti* to stammer.

balcon [balkɔ̃] *nm* balcony. (*Théât*) **premier** ~ dress circle; **deuxième** ~ upper circle.

baldaquin [baldakɛ̃] *nm* canopy.

Baléares [baleaʀ] *nfpl* : **les** ~ the Balearic Islands.

baleine [balɛn] *nf* **(a)** (*animal*) whale. **(b)** (*corset*) stay; (*parapluie*) rib. ◆ **baleineau** *nm* whale. ◆ **baleinier** *nm* whaler. ◆ **baleinière** *nf* whaling boat.

balise [baliz] *nf* (*sur la côte*) beacon; (*bouée*) marker buoy; (*aéroport*) runway light. ◆ **baliser** (1) *vt* to mark out with beacons *ou* lights.

baliverne [balivɛʀn] *nfpl* nonsense. **dire des** ~**s** to talk nonsense.

ballant, e [balɑ̃, ɑ̃t] *adj* (*bras, jambes*) dangling. — **2** *nm* (*câble*) slack; (*chargement*) sway, roll. **avoir du** ~ to be slack.

ballast [balast] *nm* ballast.

balle [bal] *nf* (*projectile*) bullet; (*ballon*) ball. **jouer à la** ~ to play (with a ball); (*fig*) **saisir la** ~ **au bond** to seize one's chance; **dix** ~**s*** ten francs.

ballerine [balʀin] *nf* (*danseuse*) ballerina, ballet dancer; (*soulier*) ballet shoe.

ballet [balɛ] *nm* ballet; (*musique*) ballet music.

ballon [balɔ̃] *nm* (*Sport*) ball; (*Aviat*) balloon. ~ **de football** football; ~ **en baudruche** child's toy balloon. ◆ **dirigeable** airship. ~ **d'eau chaude** hot water tank.

ballonner [balɔne] (1) *vt* : **je suis ballonné** I feel bloated.

ballot [balo] *nm* (*paquet*) bundle; (** : nigaud*) nitwit*. **c'est** ~ it's a bit daft*.

ballottage [balɔtaʒ] *nm* : **il y a** ~ there will have to be a second ballot.

ballotter [balɔte] (1) — **1** *vt* (*objet*) to roll around, bang about; (*tête*) to loll. — **2** *vt* (*personne*) to shake about, jolt; (*bateau*) to toss.

balourd, e [baluʀ, uʀd(ə)] *nmf* dolt, oaf. ◆ **balourdise** *nf* (*manuelle*) clumsiness; (*manque de finesse*) doltishness; (*gaffe*) blunder.

balustrade [balystʀad] *nf* (*décorative*) balus-trade; (*garde-fou*) railing.

bambin [bɑ̃bɛ̃] *nm* small child.

bambou [bɑ̃bu] *nm* bamboo.

ban [bɑ̃] *nm* **(a)** (*mariage*) ~**s** banns. **(b)** (*applaudissements*) round of applause. **un** ~ **pour X!** three cheers for X!

banal, e, *mpl* ~s [banal] *adj* (*gén*) commonplace, banal; (*idée*) trite; (*insignifiant*) trivial. **peu** ~ unusual. ◆ **banalité** *nf* banality; trite-ness; triviality. **dire une** ~ to make a trite remark.

banane [banan] *nf* banana. ◆ **bananier** *nm* (*arbre*) banana tree; (*bateau*) banana boat.

banc [bɑ̃] *nm* (*siège*) seat, bench; (*établi*) (work) bench; (*coraux*) reef; (*poissons*) shoal; (*nuages*) bank, patch. ◆ **d'école** desk seat; ~ **de sable** sandbank; ~ **des accusés** dock; ~ **des avocats** bar; ~ **d'église** pew; **d'essai** test bed; (*fig*) testing ground.

bancaire [bɑ̃kɛʀ] *adj* banking. **chèque** ~ (bank) cheque.

bancal, e, *mpl* ~s [bɑ̃kal] *adj* (*personne*) lame; (*chaise*) wobbly.

bande [bɑ̃d] *nf* (*morceau*) strip; (*dessin*) stripe; (*pansement*) bandage; (*film*) film; (*en radio*) band; (*sur chaussée*) line; (*pour magné-tophone, ordinateur*) tape; (*autour d'un jour-nal*) wrapper. (*fig*) **par la** ~ in a roundabout way; ~ **dessinée** comic strip, strip cartoon; ~ **sonore** sound track; ~ **Velpeau** crêpe bandage.

bande² [bɑ̃d] *nf* (*gens*) band, group; (*oiseaux*) flock; (*animaux*) pack. **ils sont partis en** ~ they set off in a group; **faire** ~ **à part** to keep to o.s.* ~ **d'imbéciles!*** bunch *ou* pack of idiots!*

bandeau, *pl* ~x [bɑ̃do] *nm* (*ruban*) headband; (*pansement*) head bandage; (*pour les yeux*) blindfold.

bander [bɑ̃de] (1) *vt* **(a)** (*plaie*) to bandage. ~ **les yeux à qn** to blindfold sb. **(b)** (*arc*) to bend; (*muscles*) to flex.

banderole [bɑ̃dʀɔl] *nf* (*publicitaire*) advertising streamer.

bandit [bɑ̃di] *nm* (*escroc*) crook, shark*; (*armé*) gun-man; ~ **de grand chemin** highwayman. ◆ **ban-ditisme** *nm* violent crime.

---

bégayer [begeje] (8) *vti* to stammer, stutter;

bégonia [begɔnja] *nm* begonia.

bègue [bɛg] *nmf* stammerer, stutterer.

beige [bɛʒ] *adj, nm* beige.

beignet [bɛɲɛ] *nm* (*fruits*) fritter; (*pâte fr...*) doughnut.

bel [bɛl] *adj* V **beau.**

bêlement [bɛlmɑ̃] *nm* bleating.

bêler [bele] (1) *vi* (*Zool, fig*) to bleat.

belette [bəlɛt] *nf* weasel.

belge [bɛlʒ(ə)] — **1** *adj* Belgian. — **2 Be...** *nm,f* Belgian. ◆ **Belgique** *nf* Belgium.

bélier [belje] *nm* ram.

belle [bɛl] *nf* V **beau.**

belligérant, e [beliʒeʀɑ̃, ɑ̃t] *adj, nmf* b...ligerent.

belliqueux, -euse [belikø, øz] *adj* (*humeu...*) quarrelsome; (*politique, peuple*) warlike.

belvédère [bɛlvedɛʀ] *nm* belvedere; (*vu...*) (panoramic) viewpoint.

bémol [bemɔl] *nm* (*Mus*) flat.

bénédiction [benediksjɔ̃] *nf* blessing.

bénéfice [benefis] *nm* (*Comm*) profit; (*ava...tage*) advantage, benefit. **faire des** ~**s** to mak... a profit. ◆ **bénéficiaire** *nmf* (*gén*) beneficiary... ◆ **bénéficier de** (7) *vt indir* (*jouir de*) to have... enjoy; (*obtenir*) to get, have; (*tirer profit de...*) to benefit from. **faire** ~ **qn d'une remise** t... give *ou* allow sb a discount. ◆ **bénéfique** *ad...* beneficial.

Bénélux [benelyks] *nm* : **le** ~ the Benelu... countries.

bénévole [benevɔl] *adj* voluntary. ◆ **bénévo-lement** *adv* voluntarily.

bénin, -igne [benɛ̃, iɲ] *adj* (*accident*) slight; (*maladie*) mild; (*tumeur*) benign.

bénir [beniʀ] (2) *vt* to bless. **soyez béni!** bless you! ◆ **bénit, e** *adj* consecrated; (*eau*) holy. ◆ **bénitier** *nm*

benjamin, ine [bɛ̃ʒamɛ̃, in] *nmf* youngest child.

benne [bɛn] *nf* (*camion*) (*basculante*) tipper; (*amovible*) skip; (*grue*) scoop; (*téléphérique*) cable-car; (*mine*) skip, truck.

béquille [bekij] *nf* (*infirme*) crutch; (*moto*) stand.

berceau [bɛʀso] *nm* (*lit*) cradle, crib; (*lieu d'origine*) birthplace; (*charmille*) arbour. ◆ **bercer** [bɛʀse] (3) *vt* (*gén*) to rock. (*tromper*) ~ **de** to delude with. ◆ **berceuse** *nf* (*chanson*) lullaby.

berge [bɛʀʒ(ə)] *nf* (*rivière*) bank.

berger [bɛʀʒe] *nm* shepherd. **chien de** ~ sheep-dog; ~ **allemand** alsatian. ◆ **bergère** *nf* shepherdess. ◆ **bergerie** *nf* sheepfold.

berline [bɛʀlin] *nf* (*Aut*) saloon car, sedan (US); (*à chevaux*) berlin.

berlingot [bɛʀlɛ̃go] *nm* (*bonbon*) boiled sweet; (*emballage*) (pyramid-shaped) carton.

berlue [bɛʀly] *nf* : **avoir la** ~ to be seeing things.

berne [bɛʀn(ə)] *nfpl* : **en** ~ ≃ at half-mast; **mettre en** ~ ≃ to half-mast.

bernique [bɛʀnik] — **1** *nf* limpet. — **2** *excl* (***) nothing doing!*

besogne [bəzɔɲ] *nf* (*travail*) work, job.

besoin [bəzwɛ̃] *nm* need (**de** for, **de faire** to do). **ceux qui sont dans le** ~ the needy; (*euph*) **faire ses** ~**s** to relieve o.s.; **avoir** ~ **de qch** to

...elle
...ul,
...noble
...eaux-
...chool;
...'s best
...'s very
...la belle
pétrin* to
... **de mentir**
...it une belle
...me!*; **c'est du**
... **plus belle** to
...ore; **à la belle**
...elle lurette qu'il
...; **faire qch pour**
...sth just to please
...que... the best
...est pas bête say
...stupid; **c'était bel**
...right. (*famille*)
...remariage) step-
...-law; (*remariage*) step-
...parents my in-laws.
...être ~ to be set fair;
...que thing ~ to do!
...fri...; (*compagne*) lady
...ng match. **en faire de belles**
...ef; **la Belle au bois dormant**
...Slee...

beau... *adv* a lot. ◆ ~ **de monde** a lot of
...of pe...ple; ~ **d'eau** a lot of
...wat...'s **soin** with great care; **il a eu**
... ~ **de...**'s been very lucky; ~ **trop**
...lent...ou far too slowly; **je préfère**
...cela ~ ...**dire** that's saying a lot.

beaut... *f* (*gén*) beauty; (*femme*) beauty ~
...loveli...mme) handsomeness. **de toute** ~
...very ...; **se faire une** ~ to powder one's
...nose; ...**ch en** ~ to finish sth with a
...flouris...

bébé [b...] — **1** *nm* baby. — **2** *adj* babyish.

bec [b...] *nm* (*oiseau*) beak, bill; (*plume*) nib;
(*cara...*); (*théière*) spout; (** : bouche*)
mou...; **le** ~ **dans l'eau*** to be left in the lurch;
... **sur un** ~* to hit a snag; **rester**
...Bun... Bunsen burner; ~**-de-cane** doorhandle;
... lamp post, gaslamp.

...carro [bekaʀ] *nm* (*Mus*) natural.

...che [bɛk] *nf* spade. ◆ **bêcher** (1) *vt* to dig.

...cqueter [bekte] (4) *vt* to peck (at).

...daine, ...*pl* ~x [bɛdɛn] *nf* paunch.

...deau, ...[bɛdo] *nm* beadle.

...donnant, e [bədɔnɑ̃, ɑ̃t] *adj* portly.

...froi [befʀwa] *nm* belfry.

...aiement [begɛmɑ̃] *nm* stammering, stut-...

bandoulière [bɑ̃duljɛr] nf shoulder strap. **en ~** slung across the shoulder.

bang [bɑ̃ŋ] nm inv, excl bang.

banlieue [bɑ̃ljø] nf suburbs; **proche ~** inner suburbs; **grande ~** outer suburbs; **maison de ~** suburban house; **train de ~** commuter train. ◆ **banlieusard, e** nm,f suburbanite.

bannière [banjɛr] nf banner; (chemise) shirt-tail.

bannir [banir] (2) vt to banish (de from); (usage) to prohibit. ◆ **banni, e** nm,f exile. ◆ **bannissement** nm banishment.

banque [bɑ̃k] nf bank. **avoir de l'argent en ~** to have money in the bank. ◆ **banquier** nm banker. (Fin, Jeux) banker.

banqueroute [bɑ̃krut] nf bankruptcy.

banquet [bɑ̃kɛ] nm dinner; (d'apparat) banquet.

banquette [bɑ̃kɛt] nf (bench) seat.

banquise [bɑ̃kiz] nf ice field; (flottante) ice floe.

baptême [batɛm] nm (sacrement) baptism; (cérémonie) christening, baptism. **~ de l'air** first flight.

baptiser [batize] (1) vt to baptize, christen, dub. ◆ **baptiste** nmf, adj Baptist.

baquet [bakɛ] nm tub.

bar [bar] nm (lieu) bar; (poisson) bass.

baragouin* [baragwɛ̃] (1) vi to gabble. **Il baragouine un peu l'espagnol** he can speak a bit of Spanish. ◆ **baragouin*** nm gibberish, double Dutch.

baraque [barak] nf (abri) shed; (boutique) stall; (*: maison) place.

baraquement [barakmɑ̃] nm : **~s** group of huts; (Mil) camp.

barbant, e* [barbɑ̃, ɑ̃t] adj boring, deadly dull.

barbare [barbar] adj (cruauté) barbaric; (invasion) barbarian; (crime) barbarous. — 1 adj barbarian. ◆ **barbarie** nf barbarity. ◆ **barbarisme** nm barbarism.

barbe [barb] nf beard. **à la ~ de qn** under sb's nose; **rire dans sa ~** to laugh up one's sleeve; **la ~ !*** damn it!; **quelle ~ !*** what a drag!; **oh toi, la ~ !*** oh shut up, you!; **~ à papa** candyfloss. ◆ **barbelé, e** [barbəle] adj, nm : **fil de fer ~** barbed wire; **les ~s** the barbed wire fence.

barber* [barbe] (1) vt to bore stiff. **se ~** to be bored stiff.

barbier [barbje] nm barber.

barbiturique [barbityrik] nm barbiturate.

barboter [barbɔte] (1) — 1 vi (canard, enfant) to dabble, splash about. — 2 vt (*: voler) to pinch*, steal (à from).

barbouiller [barbuje] (1) vt (salir) to smear (de with); (péj: peindre) to daub ou slap paint on; **~ une feuille de dessins*** to scribble drawings on a piece of paper; **~ l'estomac** to upset the stomach. **être barbouillé*** to feel queasy, have an upset stomach.

barbu, e [barby] adj bearded.

barda* [barda] nm gear; (soldat) kit.

barder* [barde] (1) vb impers : **ça va ~** sparks will fly!

barème [barɛm] nm (tarif) price list; (échelle) scale.

baril [baril] nm (gén) barrel; (poudre) keg; (lessive) drum.

bariolé, e [barjɔle] adj gaily-coloured.

baromètre [barɔmɛtr] nm barometer. **le ~ est au beau fixe** the barometer is set at fair; **le ~ est à la pluie** the barometer is pointing to rain.

baron [barɔ̃] nm baron. ◆ **baronne** nf baroness.

baroque [barɔk] adj (idée) weird, wild; (Art) baroque.

barque [bark(ə)] nf small boat.

barrage [baraʒ] nm (rivière) dam; (petit) weir; (barrière) barrier; (Mil) barrage. **~ de police** police roadblock; **faire ~ à** to stand in the way of.

barre [bar] nf (morceau) bar; (trait) line, stroke; (gouvernail) helm; (houle) race; **être à la ~** to be at the helm; **~ des témoins** witness box; **comparaître à la ~** to appear in the witness box; **~ de fraction** fraction line; **~ d'appui** window rail; **~ fixe** horizontal bar; **~ de mesure** bar line; **~ à mine** crowbar.

barreau [baro] nm (échelle) rung; (cage) bar. (Jur) le ~ the bar.

barrer [bare] (1) — 1 vt (a) (porte) to bar; (route) (par accident) to block; (pour travaux, par la police) to close, shut off. **la route est ~ée** road closed. (b) (mot, qn) to bar ou block sb's way. (c) (feuille) to cross; **chèque barré** crossed cheque. (Naut) to steer. — 2 **se barrer*** vpr to clear off*.

barrette [barɛt] nf (cheveux) hair slide.

barreur [barœr] nm (gén) helmsman; (Aviron) cox.

barricade [barikad] nf barricade.

barricader [barikade] (1) vt to barricade. **se ~ derrière** to barricade o.s. behind.

barrière [barjɛr] nf (clôture) fence; (porte) gate; (obstacle) barrier. **~ douanière** tariff barrier; **~ de passage à niveau** level crossing gate.

barrique [barik] nf barrel, cask.

bas, basse [bɑ, bɑs] — 1 adj (a) (gén) low. **les basses branches** the lower ou bottom branches; **~ sur pattes** short-legged; **je l'ai eu à ~ prix** I got it cheap; **c'est la basse mer** the tide is out, it's low tide; **être en ~ âge** young; **au ~ mot** at the very least; **en ce ~ monde** here below. (b) **~côté** (route) verge; (église) side aisle; **basse-cour** (lieu) farmyard; (volaille) poultry; **~fond** (lieu) shallow; **les ~fonds de la société** the dregs of society; **les ~fonds de la ville** the seediest parts of the town; (Boucherie) **les ~ morceaux** the cheap cuts; **~relief** low relief; **~ventre** stomach, guts. — 2 adv (parler) softly, in a low voice; **trop ~** too low; **mets-le plus ~** (objet) put it lower down; (transistor) turn it down; **traiter qn plus ~ que terre** to treat sb like dirt; **mettre ~** to give birth; (fig) **mettre ~ les armes** (Mil) to lay down one's arms; (fig) **~ les pattes !*** à ~ le fascisme ! down with fascism! — 3 nm bottom, lower part. **en ~** at the bottom; (par l'escalier) downstairs; **le tiroir du ~**; **lire de ~ en haut**. — 4 nf (Mus) bass.

bas² [bɑ] nm stocking.

basané, e [bazane] adj swarthy.

bascule [baskyl] nf (balance) weighing machine; (balançoire) seesaw. ◆ **basculer** (1) — 1 vi (personne) to fall over; (objet) to topple over. **faire ~** (personne) to tip out; (contenu) to tip out.

base [bɑz] nf (gén) base; (fig: principe) basis; de ~ basic; **produit de ~** basic product; **sur quoi vous basez-vous ?** what do you base your opinion on?; **~ de lancement** launching site.

base-ball [bɛzbol] nm baseball.

baser [baze] (1) vt to base (sur on). **se ~ à: sur quoi vous basez-vous ?** what do you base your opinion on?

basket [baskɛt] nm basketball. ◆ **basket-ball** nm basketball. ◆ **basketteur, -euse** nm,f basketball player. **~s** sneakers, trainers.

bassin [basɛ̃] nm (pièce d'eau) pond; (piscine) pool; (fontaine) basin; (cuvette) bowl; (Anat) pelvis; (Géol) basin; **~ houiller** coalfield. ◆ **bassine** nf (récipient) bowl; (contenu) bowlful.

basse [bas] V **bas**.

basse-cour nf basely, meanly; servility. ◆ **bassesse** nf (servilité) servility; (acte) low act.

basson [basɔ̃] nm (instrument) bassoon; (musicien) bassoonist.

bastingage [bastɛ̃gaʒ] nm (ship's) rail; (Hist) bulwark.

bastion [bastjɔ̃] nm bastion.

bât [bɑ] nm packsaddle. (fig) **c'est là où le ~ blesse** that's where the shoe pinches.

bataclan* [bataklɑ̃] nm junk*. **et tout le ~** the whole caboodle*.

bataille [bataj] nf (Mil) battle; (rixe) fight; (Cartes) beggar-my-neighbour; **~ rangée** pitched battle; **il a les cheveux en ~** his hair's all tousled. ◆ **batailler** (1) vi to fight. ◆ **batailleur, -euse** adj aggressive. ◆ **bataillon** nm battalion.

bâtard, e [bɑtar, ard(ə)] — 1 adj illegitimate, bastard (péj). — 2 nm,f (personne) illegitimate child, bastard (péj); (chien) mongrel. — 3 nm ~ Vienna roll.

bateau, pl ~x [bato] nm (gén) boat; (grand) ship. **faire du ~** (à voiles) to go sailing; (à rames etc) to go boating; **~ à vapeur** steamer; **~ de commerce** merchant ship; **~ de guerre** warship, battleship; **~ de sauvetage** lifeboat; **~ amiral** flagship; **~ mouche**.

bâti, e [bɑti] — 1 adj : **bien ~** well-built; **terrain ~** undeveloped site. — 2 nm (robe) tacking, basting; (porte) frame.

batifoler [batifɔle] (1) vi to lark about.

bâtiment [bɑtimɑ̃] nm (édifice) building; **le ~** the building industry ou trade; (bateau) ship.

baume [bom] nm balm.

baver [bave] (1) vi (personne) to dribble, slobber; (chien enragé) to foam, slaver; (stylo) to leak; (liquide) to run. **en ~*** to have a rough time of it. ◆ **bavette** nf bib. ◆ **baveux, -euse** adj (bouche) dribbling; (omelette) runny. ◆ **bavoir** nm bib. ◆ **bavure** nf (Tech) burr; (erreur) mistake. **net, sans ~** clean.

bavard, e [bavar, ard(ə)] — 1 adj talkative. — 2 nm,f chatterbox. ◆ **bavardage** nm chatter. ◆ **bavarder** (1) vi to chatter.

bazar [bazar] nm (magasin) general store; (*: affaires) gear, clobber. **quel ~ !*** what a shambles!; **tout le ~*** the whole caboodle. ◆ **bazarder*** (1) vt (jeter) to chuck out*.

béant, e [beɑ̃, ɑ̃t] adj gaping.

béat [bea] ... **béatitude** nf bliss ...

beau ... heureux ... good-looking; **le ~** the Art ... **la belle** ...

need sth; **il n'a pas ~ de venir** he doesn't have to come, there's no need for him to come; **pas ~ de dire que** it goes without saying that; **au ~, si ~ est** if necessary, if need be; **pour les ~s de la cause** for the purpose in hand.

bestial, e, mpl **-aux** [bɛstjal, o] adj bestial, brutish. ◆ **bestialité** nf bestiality, brutishness.

bestiaux [bɛstjo] nmpl (gén) livestock; (bovins) cattle.

bestiole [bɛstjɔl] nf tiny creature.

bétail [betaj] nm (gén) livestock; (bovins) cattle.

bête [bɛt] — 1 nf (animal) animal; (insecte) bug, creature. **~ sauvage** wild beast ou creature; **pauvre petite ~** poor little thing ou creature; **grosse ~!*** you big silly!*; **~ à bon dieu** ladybird; **~ à cornes** horned animal; (iro) **c'est ma ~ noire** (chose) that's my pet hate; (personne) I just can't stand him; **~ de somme** beast of burden. — 2 adj stupid, silly, foolish. **être ~ comme ses pieds** ou **à manger du foin** to be as thick as a brick; **ce n'est pas ~** that's not a bad idea; (* : très simple) **c'est tout ~** it's quite ou dead* simple. ◆ **bêtement** adv stupidly, foolishly.

bêtise [betiz] nf stupidity. **j'ai eu la ~ de** I was foolish enough to; **faire une ~** ou **des ~s** to do something stupid ou silly; **dire des ~s** to talk nonsense; **dépenser son argent en ~s** to spend one's money on rubbish.

béton [betɔ̃] nm concrete. **~ armé** reinforced concrete.

betterave [bɛtʀav] nf: **~ fourragère** mangel-wurzel, beet; **~ rouge** beetroot; **~ sucrière** sugar beet.

beuglement [bœɡləmɑ̃] nm (vache) mooing; (taureau) bellowing; (radio) blaring.

beugler [bœɡle] (1) vi (vache) to moo; (taureau) to bellow; (radio) to blare.

beurre [bœʀ] nm butter. **~ noir** brown butter sauce; **~ d'anchois** anchovy paste; **ça va mettre du ~ dans les épinards*** that will buy a few extras; **faire son ~*** to make a packet*. ◆ **beurrer** (1) vt to butter. ◆ **beurrier** nm butter dish.

beuverie [bœvʀi] nf drinking bout.

bévue [bevy] nf blunder.

bi... [bi] préf bi....

biais [bjɛ] nm (moyen) device, means. **par le ~ de** by means of; **en ~** (poser) slantwise; (couper) diagonally; **regarder qn de ~** to give sb a sidelong glance.

bibelot [biblo] nm (sans valeur) trinket; (de valeur) curio.

biberon [bibʀɔ̃] nm baby's bottle. **l'heure du ~** baby's feeding time; **nourrir au ~** to bottle-feed.

bible [bibl(ə)] nf bible. ◆ **biblique** adj biblical.

bibliothécaire [biblijotekɛʀ] nmf librarian.

bibliothèque [biblijotɛk] nf (édifice, collection) library; (meuble) bookcase. **~ de gare** station bookstall.

bicarbonate [bikaʀbɔnat] nm bicarbonate.

biceps [bisɛps] nm biceps.

biche [biʃ] nf doe. (fig) **ma ~** darling.

bichonner vt, **se bichonner** vpr [biʃɔne] (1) to titivate.

bicoque [bikɔk] nf (péj) shack*.

bicyclette [bisiklɛt] nf bicycle, bike. (sport) **la ~** cycling; (promenade) **faire de la ~** to go for a cycle ride.

bidon [bidɔ̃] — 1 nm (gén) can, tin; (lait) churn; (campeur, soldat) flask. — 2 adj inv (*) (attentat) mock. ◆ **bidonville** nm shanty town.

bidule* [bidyl] nm thingumabob*.

bielle [bjɛl] nf connecting rod.

bien [bjɛ̃] — 1 adv (a) (gén) well; (fonctionner) properly. **il parle ~ l'anglais** he speaks good English, he speaks English well; **il a ~ pris ce que je lui ai dit** he took what I had to say in good part; **il s'y est ~ pris pour le faire** he went about it the right way; **vous avez ~ fait** you did the right thing; **vous feriez ~ de** you'd do well ou you'd be well advised to; **il peut très ~ le faire** he can quite easily do it; **écoute-moi ~** listen to me carefully; **mets-toi ~ en face** stand right ou straight opposite; **c'est ~ compris?** is that clearly ou quite understood?; **c'est ~ fait pour lui** it serves him right. (b) (très) very; much better; **~ content** very glad; **~ mieux** much better; **~ plus cher** much more expensive; **c'est ~ long** it's rather long; **~ des gens** a lot of people, many people; **j'ai eu ~ du mal à le faire** I had a lot ou a great deal of difficulty doing it. (c) (effectivement) definitely. **c'est ~ une erreur** est-ce **~ mon manteau?** is it really my coat?; **c'est ~ ma veine!*** it's just my luck!; **c'était ~ la peine!** after all that trouble!; **où peut-il ~ être?** where on earth can he be?; **j'espère ~!** I should hope so!; **on verra ~** we'll see; **il se pourrait ~ qu'il pleuve** it could well rain; **il faut ~ le supporter** one just has to put up with it; **j'irais ~ mais ...** I'd willingly ou gladly go but ...; **ça m'est ~ égal** it's all the same to me; **~ sûr** of course; **il y a ~ 3 jours que je ne l'ai vu** I haven't seen him for at least 3 days. (d) **qu'il le sache ~** although ou though he knows.

— 2 adj inv (de qualité) good; (en bonne santé) well; (agréable) nice, pleasant; (à l'aise) at ease; (beau) (personne) good-looking; (chose) nice. **donnez-lui quelque chose de ~** give him something really good; **on est ~ à l'ombre** it's pleasant ou nice in the shade; **je suis ~ dans ce fauteuil** I'm comfortable in this chair; **elle se trouve ~ dans son nouveau poste** she's happy in her new job; **se mettre ~ avec qn** to get on good terms with sb; **ce n'est pas ~ de** it's not nice to; **c'est ~ à vous de les aider** it's good of you to help them.

— 3 nm (a) good. **faire le ~** to do good; **ça m'a fait du ~** it did me good; **dire du ~ de** to speak highly of; **vouloir du ~ à qn** to wish sb well. (b) (possession) possession; (argent) fortune; (terres) estate. **~s de consommation** consumer goods; **~ mal acquis ne profite jamais** ill-gotten gains seldom prosper. ◆ **bien-aimé, e** adj, nm,f beloved. ◆ **bien-être** nm (physique) well-being; (matériel) comfort.

bienfaisance [bjɛ̃fəzɑ̃s] nf : **œuvre de ~** charity, charitable organisation. ◆ **bienfaisant, e** adj (remède) beneficial; (personne) kind.

bienfait [bjɛ̃fɛ] nm kindness. **les ~s de** (science) the benefits of; (cure) the beneficial effects of. ◆ **bienfaiteur** nm benefactor. ◆ **bienfaitrice** nf benefactress.

bienséance [bjɛ̃seɑ̃s] *nf* propriety. ◆ **bien-séant, e** *adj* proper, becoming.
bientôt [bjɛ̃to] *adv* soon. à ~! see you soon!; **c'est pour ~?** is it due soon?; **il est ~ minuit** it's nearly midnight.
bienveillance [bjɛ̃vɛjɑ̃s] *nf* kindness (*envers* to). ◆ **bienveillant, e** *adj* benevolent, kindly.
bienvenu, e [bjɛ̃vny] — **1** *nm,f*: **être le ~ (ou la ~e)** to be most welcome. — **2** *nf* welcome. **souhaiter la ~e à qn** to welcome sb.
bière [bjɛʀ] *nf* (*boisson*) beer; (*cercueil*) coffin. ~ **blonde** lager; ~ **pression** draught beer.
biffer [bife] (1) *vt* to cross out.
bifteck [biftɛk] *nm* piece of steak, steak.
bifurcation [bifyʀkasjɔ̃] *nf* fork.
bifurquer [bifyʀke] (1) *vi* (*route*) to fork; (*véhicule*) to turn off (*vers*, *sur* for).
bigarré, e [bigaʀe] *adj* gaily-coloured.
bigorneau, x [bigɔʀno] *nm* winkle.
bigot, e [bigo, ɔt] (*péj*) — **1** *adj* over-devout. — **2** *nm,f* religious bigot. ◆ **bigoterie** *nf* religious bigotry.
bigoudi [bigudi] *nm* (hair-)curler.
bijou, pl ~x [biʒu] *nm* jewel; (*fig*) gem. **mon ~!** my love. ◆ **bijouterie** *nf* (*boutique*) jeweller's shop; (*commerce*) jewellery business. ◆ **bijoutier, -ière** *nm,f* jeweller.
bilan [bilɑ̃] *nm* (*évaluation*) assessment; (*résultats*) result, outcome; (*Fin*) balance sheet. **faire le ~ de** to take stock of, assess; ~ **de santé** medical checkup.
bile [bil] *nf* bile. **se faire de la ~*** to get worried (*pour* about).
bilingue [bilɛ̃g] *adj* bilingual. ◆ **bilinguisme** *nm* bilingualism.
billard [bijaʀ] *nm* (*jeu*) billiards (*sg*); (*table*) billiard table. **faire un ~** to play a game of billiards; ~ **électrique** pinball machine; **passer sur le ~*** to have an operation; **c'est du ~*** it's dead easy*.
bille [bij] *nf* marble; (*billard*) billiard ball.
billet [bijɛ] *nm* ticket. ~ **aller single** *ou* one-way (US) ticket; ~ **aller et retour** return *ou* round-trip (US) ticket; ~ **de banque** banknote, bill (US); ~ **doux** love letter; ~ **de faveur** complimentary ticket; (*Mil*) ~ **de logement** billet.
billot [bijo] *nm* block.
biner [bine] (1) *vt* to hoe, harrow. ◆ **binette** *nf* (*agr*) hoe; (*: visage*) face.
bis¹, e [bi, biz] *adj* greyish-brown.
bis² [bis] *adv* (*sur partition*) repeat. ~! encore!; (*numéro*) **12** ~ 12a.
bisaïeul [bizajœl] *nm* great-grandfather. ◆ **bisaïeule** *nf* great-grandmother.
biscornu, e [biskɔʀny] *adj* (*forme*) crooked; (*idée*) tortuous, cranky.
biscotte [biskɔt] *nf* rusk.
biscuit [biskɥi] *nm* (*mou*) sponge cake; (*sec*) biscuit, cracker (US). ◆ **biscuiterie** *nf* biscuit factory.
bise [biz] *nf* (*vent*) North wind; (*baiser*) kiss.

28

biseau, pl ~x [bizo] *nm* bevel. **en ~** bevelled.
bison [bizɔ̃] *nm* bison, American buffalo.
bistouri [bisturi] *nm* lancet.
bistro(t) [bistʀo] *nm* café, bar.
bitume [bitym] *nm* (*matière*) bitumen; (*revêtement*) asphalt, Tarmac ®.
bizarre [bizaʀ] *adj* strange, odd, peculiar. ◆ **bizarrement** *adv* strangely, oddly, peculiarly. ◆ **bizarrerie** *nf* strangeness, oddness.
blackbouler [blakbule] (1) *vt* (*élection*) to blackball; (*examen*) to fail. ◆ ~**s** peculiarities, oddities.
blafard, e [blafaʀ, aʀd(ə)] *adj* wan, pale.
blague [blag] *nf* (a) (*histoire*) joke; (*farce*) hoax; (*erreur*) blunder. **faire une ~ à qn** to play a trick on sb; **sans ~?** you're joking!; (b) ~ à **tabac** tobacco pouch. ◆ **blagueur, -euse*** — **1** *adj* teasing, joking. — **2** *nm,f* joker.
blaireau, pl ~x [blɛʀo] *nm* (*Zool*) badger; (*pour barbe*) shaving brush.
blâmable [blɑmabl(ə)] *adj* blameful.
blâme [blɑm] *nm* (*désapprobation*) blame; (*réprimande*) reprimand. ◆ **blâmer** (1) *vt* to blame; to reprimand.
blanc, blanche [blɑ̃, blɑ̃ʃ] — **1** *adj* (*gén*) white (*de* with); (*page*, *copie*) blank. ~ **comme neige** as pure as the driven snow. — **2** *nm* (*couleur*) blank; (*espace*) blank; (*vin*) white wine; **le ~** (*tissu*) household linen; (*lavage*) whites; **laisser en ~** leave this space blank'; **d'œuf** egg white; ~ **de poulet** breast of chicken; (*homme*) **B~** White, white man; **tirer à ~** to fire blanks; **cartouche à ~** blank cartridge. — **3** *nf* (*Mus*) minim; (*femme*) **Blanche** white woman. ◆ **Blanche-Neige** *nf* Snow White. ◆ **blancheur** *nf* whiteness.
blanchir [blɑ̃ʃiʀ] (2) — **1** *vt* (*gén*) to whiten, lighten; (*laver*) to launder; (*disculper*) to clear. — **2** *vi* (*cheveux*) to go white; (*couleur*) to become lighter. ◆ **blanchissage** *nm* launder-ing. **note de ~** laundry bill. ◆ **blanchisserie** *nf* laundry. ◆ **blanchisseur** *nm* launderer.
blanquette [blɑ̃kɛt] *nf* : ~ **de veau** blanquette of veal.
blasé, e [blɑze] *adj* blasé. ~ **de** bored with.
blason [blɑzɔ̃] *nm* coat of arms.
blasphème [blasfɛm] *nm* blasphemy. ◆ **blas-phémer** (6) *vti* to blaspheme.
blatte [blat] *nf* cockroach.
blé [ble] *nm* wheat.
bled* [blɛd] *nm* village. ~ **perdu** hole*.
blême [blɛm] *adj* pale, wan (*de* with).
blesser [blese] (1) *vt* (*accident*) to hurt, wound, injure; (*Mil*) to wound; (*offenser*) to hurt, wound. **être blessé au bras** to have an arm injury. ◆ **bles-sant, e** *adj* cutting. ◆ **blessé, e** *nm,f* injured *ou* wounded person, casualty. **l'accident a fait 10 ~s** 10 people were injured *ou* hurt in the accident; ~ **grave** seriously injured person; ~s **de la route** road casualties. ◆ **blessure** *nf* injury; wound.
blet, blette [blɛ, blɛt] *adj* overripe.
bleu, e [blø] — **1** *adj* (*couleur*) blue; (*steak*) very rare. — **2** *nm* (*couleur*) blue; (*meurtris-sure*) bruise; (*fromage*) blue-veined cheese;

(*: débutant) beginner. (fig) il n'y a vu que du ~* he didn't suspect a thing; ◆ marine navy blue; ~s de travail overalls. ◆ bleuet nm cornflower. ◆ bleuté, e adj (reflet) bluish; (verre) blue-tinted.

blindage [blɛ̃daʒ] nm (Mil) armour plating; (porte) reinforcing.

blinder [blɛ̃de] (1) vt (Mil) to armour; (porte) to reinforce. ◆ blindé nm armoured car, tank.

bloc [blɔk] nm (marbre) block; (papier) pad; (Pol) bloc. faire ~ contre qn to unite against sb; visser qch à ~ to screw sth up tight; vendre qch en ~ to sell sth as a whole; ~évier sink unit; ~moteur engine block; ~notes desk-pad; ~opératoire operating theatre suite.

blocage [blɔkaʒ] nm (prix) freeze; (compte) freezing; (mental) block.

blockhaus [blɔkos] nm blockhouse.

blocus [blɔkys] nm blockade.

blond, e [blɔ̃, blɔ̃d] — 1 adj (cheveux) fair, blond; (personne) fair, fair-haired; (sable) golden. — 2 nf (bière) lager; (cigarette) Virginia cigarette; (femme) blonde.

bloquer [blɔke] (1) — 1 vt (a) (grouper) to lump ou group together. (b) (porte) to jam; (écrou) to overtighten; (ballon) to block; (rue) to block up; (marchandises, négociations) to hold up; (salaires, compte) to freeze. ~ les freins to jam on the brakes; port bloqué par la glace icebound port; (situation) être bloqué to have reached stalemate. — 2 se bloquer vpr (porte, machine) to jam; (roue) to lock.

blottir (se) [blɔtir] (2) vpr to curl up, snuggle up.

blouse [bluz] nf (tablier) overall; (médecin) white coat.

blouson [bluzɔ̃] nm jacket, windjammer. ~ noir ≃ teddy-boy.

blue-jean [bludʒin] nm jeans, ~s denims.

bluff* [blœf] nm bluff. ◆ bluffer* (1) vi to bluff.

boa [bɔa] nm boa.

bobine [bɔbin] nf (fil, film) reel; (électrique) coil; (*: visage) face.

bobo* [bɔbo] nm (plaie) sore; (coupure) cut. j'ai ~, ça fait ~ it hurts.

bocal, pl -aux [bɔkal, o] nm jar. mettre en ~aux to preserve, bottle.

bock [bɔk] nm glass of beer; (verre) beer glass.

bœuf [bœf], pl ~s [bø] nm (labour) ox (pl oxen); (boucherie) bullock; (viande) beef.

bohème [bɔɛm] adj, nmf bohemian.

bohémien, -ienne [bɔemjɛ̃, jɛn] nm,f gipsy.

boire [bwar] (53) vt to drink; (plante, buvard) to soak up. ~ un verre to have a drink; faire ~ qn, donner à ~ à qn to give sb sth to drink ou a drink; ~ à la santé de qn to drink sb's health; ça se boit bien it is very drinkable; ~ comme un trou* to drink like a fish; (fig) ~ du petit lait to lap it up*; il y a à ~ et à manger you have to pick and choose what to believe.

bois [bwa] nm (gén) wood. ~ blanc whitewood; ~ de lit bedstead; chaise ~ de ou en wooden chair; rester de ~ to remain unmoved; il va voir de quel ~ je me chauffe! I'll show him what I'm made of; les ~ (Mus) the woodwind instruments; (cerf) the antlers. ◆ boisé, e adj wooded. ◆ boiserie nf ~(s) panelling.

boisson [bwasɔ̃] nf drink.

boîte [bwat] nf (a) (gén) box; (en métal) tin; (conserves) can. mettre en ~ to can; (fig) d'allumettes box of matches; mettre qn en ~* to pull sb's leg*; ~ à gants glove compartment; ~ à ou aux lettres letterbox; ~ à ordures dustbin, trash can (US); ~ postale 150 P.O. Box 150; ~ de vitesses gearbox. (b) (*) (cabaret) night club; (firme) firm; (bureau) office; (école) school.

boiter [bwate] (1) vi to limp. ◆ boiteux, -euse adj (personne) lame; (meuble) wobbly; (raisonnement) lame; (phrase) clumsy.

boîtier [bwatje] nm case.

bol [bɔl] nm bowl. ~ d'air breath of fresh air; avoir du ~* to be lucky.

bolide [bɔlid] nm (voiture) racing car. comme un ~ at top speed, like a rocket.

bombardement [bɔ̃bardəmã] nm (bombes) bombing; (obus) shelling. ~ aérien air-raid; ~ atomique atom-bomb attack.

bombarder [bɔ̃barde] (1) vt (bombes) to bomb; (obus) to shell. (fig) ~ de (cailloux) to pelt with; (questions, lettres) to bombard with. ◆ bombardier nm bomber.

bombe [bɔ̃b] nf (Mil) bomb. éclater comme une ~ to come as a bombshell; ~ insecticide fly spray; ~ glacée ice pudding; faire la ~* to go on a binge*.

bombé, e [bɔ̃be] adj (forme) rounded; (front) domed; (route) cambered.

bomber [bɔ̃be] (1) vt : ~ le torse (lit) to thrust out one's chest; (fig) to swagger about.

bon¹, bonne¹ [bɔ̃, bɔn] — 1 adj (a) (gén) good; (produit) good quality; (odeur, ambiance) good, nice, pleasant; (placement) sound. être ~ en anglais to be good at English; une personne de ~ conseil a person of sound judgment; il a la bonne vie he has a nice life; c'était le ~ temps! those were the days! (b) (charitable) (personne, action) good, kind. ~ mouvement nice gesture. (c) (utilisable/billet) valid. (médicament) ~ jusqu'au 5 mai use before 5th May; ce vernis est-il encore ~? is this varnish still usable?; est-ce que cette eau est bonne? is this water safe to drink? (d) (recommandé) il est ~ de louer de bonne heure it's wise ou advisable to book early; croire ~ de faire to see fit to do; comme ~ vous semble as you think best. (e) (apte) ~ pour le service fit for service; c'est ~ pour ceux qui n'ont rien à faire it's all right ou fine for people who have nothing to do; c'est une bonne à rien she's a good-for-nothing; ce n'est ~ à rien it's no good ou use; c'est ~ à jeter it's fit for the dustbin; c'est à nous créer des ennuis it will only create problems for us; c'est ~ à savoir it's useful to know that, that's worth knowing. (f) (correct) (méthode, calcul) right; (fonctionnement) proper. au ~ moment at the right time; le ~ usage correct usage of language; il est de ~ ton de it is good manners to; si ma mémoire est bonne if I remember correctly. (g) (intensif) good; (averse) heavy. après un ~ moment after quite some time; je te le dis une bonne fois I'm telling you once and for all; un ~ nombre de a good many. (h) (souhaits) ~ anniversaire! happy birthday!; ~ **appétit!** enjoy your meal!; ~ **courage!** good luck!; ~ **retour!** safe journey back!; **bonne santé!** I hope you keep well; **bonnes vacances!** have a good holiday! **(i)** (*locutions*) **c'est** ~ (all) right!, OK!*; ~ **sang!** damn it!*; ~ **baisers** much love; ~ **débarras!** good riddance!; ~ **gré mal gré** willy-nilly; **(à)** ~ **marché** cheap; **de** ~ **cœur** (*manger, rire*) heartily; (*accepter*) willingly; **à** ~ **compte** (*s'en sortir*) lightly; (*acheter*) cheap; **de bonne heure** early; **à la bonne heure!** that's fine!; **être B~ Dieu** the good Lord; **bonne étoile** lucky star. (*péj*) **bonne femme** woman; ~ **mot** witty remark. (*Scol*) ~ **point** star; (*fig*) **un** ~ **point pour vous!** that's a point in your favour!; ~ **sens** common sense; **bonne sœur*** nun. — **2** *adv* : **il fait** ~ **ici** it's nice here. — **3** *nm* (*personne*) good person. **cette solution a du** ~ this solution has its good points; *V aussi* **bon².** — **4** *nm* (*formulaire*) slip; (*coupon d'échange*) coupon, voucher; (*Fin*) bond.

bon² [bɔ̃] *nm* (*formulaire*) slip; (*coupon d'échange*) coupon, voucher; (*Fin*) bond.

bonbon [bɔ̃bɔ̃] *nm* sweet, candy (*US*).

bonbonnière [bɔ̃bɔnjɛʀ] *nf* (*boîte*) sweet box.

bond [bɔ̃] *nm* leap, bound. **faire des** ~**s** to leap about; **se lever d'un** ~ to leap *ou* spring up; **les prix ont fait un** ~ prices have shot up *ou* soared.

bonde [bɔ̃d] *nf* (*tonneau*) bung; (*évier*) plug.

bondé, e [bɔ̃de] *adj* packed.

bondir [bɔ̃diʀ] (2) *vi* to leap *ou* spring up. ~ **de joie** to jump for joy; **cela me fait** ~* it makes me hopping mad*; ~ **vers** to rush to; ~ **sur sa proie** to pounce on one's prey.

bonheur [bɔnœʀ] *nm* (*félicité*) happiness; (*chance*) good luck, good fortune. **faire le** ~ **de qn** to make sb happy; **quel** ~**!** what a delight!; **par** ~ fortunately, luckily; **au petit** ~ haphazardly.

bonhomie [bɔnɔmi] *nf* good-naturedness.

bonhomme [bɔnɔm], *pl* **bonshommes** [bɔ̃zɔm] — **1** *nm* (*) man, fellow.; ~ **de neige** snowman. — **2** *adj inv* good-natured.

boniment [bɔnimɑ̃] *nm* (*baratin*) patter; (*mensonge*) fib*.

bonjour [bɔ̃ʒuʀ] *nm* (*gén*) hello; (*matin*) good morning; (*après-midi*) good afternoon. **donnez-lui le** ~ **de ma part** give him my regards. *V aussi* **bon².**

bonne² [bɔn] *nf* maid.

bonnement [bɔnmɑ̃] *adv* : **tout** ~ quite simply.

bonnet [bɔnɛ] *nm* bonnet. **prendre qch sous son** ~ to make sth one's concern; **c'est** ~ **blanc et blanc** ~ it's six of one and half a dozen of the other; ~ **de bain** bathing cap. ◆ **bonneterie** [bɔnɛtʀi] *nf* (*objets*) hosiery; (*magasin*) hosier's shop. ◆ **bonnetier, -ière** *nm/f* hosier.

bonsoir [bɔ̃swaʀ] *nm* good evening; (*en se couchant*) good night.

bonté [bɔ̃te] *nf* kindness. ~ **divine!** good heavens!

bord [bɔʀ] *nm* **(a)** (*gén*) edge; (*route, lac*) side; (*précipice*) brink; (*verre, chapeau*) brim; ~ **du trottoir** kerb, curb (*US*); **marcher au** ~ **de la rivière** to walk along the river bank; **passer ses vacances au** ~ **de la mer** to spend one's holidays at the seaside; **au** ~ **de** (*ruine etc*) on the verge of; **rempli à ras** ~ full to the brim *ou* to overflowing; **nous sommes du même** ~ we are on the same side; **fou sur les** ~**s*** a bit mad. **(b)** (*Aviat, Naut*) **à** ~ on board; **jeter par-dessus** ~ to throw overboard; **à** ~ **d'une voiture bleue** in a blue car. **(c)** (*facture*) invoice.

bordereau, *pl* ~**x** [bɔʀdəʀo] *nm* note, slip.

border [bɔʀde] (1) *vt* (*Couture*) to edge (*de* with); (*arbres, maisons*) to line; (*sentier*) to run alongside; (*dans un lit*) to tuck in. **bordé de fleurs** edged with flowers.

bordure [bɔʀdyʀ] *nf* (*gén*) edge; (*fleurs*) border. **en** ~ **de** alongside.

borgne [bɔʀɲ] *adj* (*personne*) one-eyed, blind in one eye.

borne [bɔʀn] *nf* (*route*) kilometre-marker; milestone; (*terrain*) boundary marker; (*monument*) post of stone; (*Élec*) terminal. **3** ~**s*** 3 kilometres; **dépasser les** ~**s** to go too far; **sans** ~ boundless; **mettre des** ~**s à** to limit. ◆ **borné, e** *adj* (*personne*) narrow-minded; (*intelligence*) limited. ◆ **borner** (1) *vt* to limit. **se** ~ **à faire** to restrict o.s. to doing.

bosquet [bɔskɛ] *nm* copse, grove.

bosse [bɔs] *nf* (*chameau, bossu*) hump; (*coup, monticule*) bump. **avoir la** ~ **du théâtre** to be a born actor.

bosser [bɔse] (1) — **1** *vi* to work; (*travailler dur*)* to slog away.* — **2** *vt* (*examen*) to swot for. ◆ **bosseur, -euse*** *nm/f* slogger*.

bossu, e [bɔsy] — **1** *adj* hunchbacked. — **2** *nm/f* hunchback. —

bot [bo] *adj* : **pied** ~ club-foot.

botte [bɔt] *nf* **(a)** boot; (*cavalier*) riding boot; (*égoutier*) wader. ~ **de caoutchouc** wellington boot, gumboot. **(b)** (*légumes*) bunch; (*foin*) sheaf; (*au carré*) bale. ◆ **bottine** *nf* ankle boot.

Bottin [bɔtɛ̃] *nm* ® directory, phonebook.

bouc [buk] *nm* (*animal*) billy goat; (*barbe*) goatee. ~ **émissaire** scapegoat.

boucan* [bukɑ̃] *nm* din. **faire du** ~ to kick up* a din.

bouche [buʃ] *nf* mouth. **j'ai la** ~ **pâteuse** my tongue feels coated; **fermer la** ~ **à qn** to shut sb up; **de** ~ **à oreille** by word of mouth; **il en a plein la** ~ he can talk of nothing else; **faire la fine** ~ to turn one's nose up; ~ **d'aération** air vent; **le** ~ **à** ~ the kiss of life; ~ **d'égout** manhole; ~ **d'incendie** fire hydrant; ~ **de métro** metro entrance.

bouchée [buʃe] *nf* mouthful. **pour une** ~ **de pain** for a song. **mettre les** ~**s doubles** to put on a spurt; **une** ~ **au chocolat** a chocolate; ~ **à la reine** savoury vol-au-vent.

boucher¹ [buʃe] (1) *vt* (*bouteille*) to cork; (*trou*) to fill up; (*fuite*) to stop; (*lavabo, rue, vue*) to block; ~ **le passage** to get in the way; **ça lui en a bouché un coin*** it floored* him; **se** ~ **le nez** to hold one's nose; **se** ~ **les oreilles** to put one's fingers in one's ears; **le temps est bouché** the weather is dull.

boucher² [buʃe] *nm* butcher. ◆ **bouchère** *nf* (woman) butcher; (épouse) butcher's wife. ◆ **boucherie** *nf* (magasin) butcher's shop; (métier) butchery trade; (massacre) slaughter.

bouchon [buʃ3] *nm* (gén) top, cap; (en liège) cork; (flotteur) float; (encombrement) traffic jam.

boucle [bukl(ə)] *nf* (ceinture) buckle; (cheveux) curl; (lacet) bow; (rivière) loop; (Sport) lap; (Aviat, Écriture) loop. ~ **d'oreille** earring. ◆ **bouclé**, e [bukle] *adj* curly.

boucler [bukle] (1) — **1** *vt* (ceinture) to buckle, fasten; (*: porte) to shut; (circuit) to complete; (budget) to balance; (*: enfermer) to lock up; (Mil : encercler) to seal off; **sa valise** to pack one's bags; **tu vas la ~!*** will you shut up!* — **2** *vi* (cheveux) to curl, be curly.

bouclier [buklije] *nm* shield.

bouder [bude] (1) *vi* to sulk. ◆ **bouderie** *nf* sulk. ◆ **boudeur, -euse** *adj* sulky.

boudin [budɛ̃] *nm* (bourrelet) roll. ~ **noir** ≃ black pudding; ~ **blanc** ≃ white pudding.

boudoir [budwar] *nm* (salon) boudoir; (biscuit) sponge finger.

boue [bu] *nf* mud.

bouée [bwe] *nf* buoy; (baigneur) rubber ring. ~ **de sauvetage** lifebuoy.

boueux, -euse [bwø, øz] — **1** *adj* muddy. — **2** *nm* dustman, garbage collector (US).

bouffe* [buf] *nf* grub*.

bouffée [bufe] *nf* (parfum) whiff; (pipe, vent) puff; (orgueil) fit. ~ **de chaleur** hot flush.

bouffer* [bufe] (1) *vti* to eat.

bouffon, -onne [buf3, ɔn] — **1** *adj* farcical, comical. — **2** *nm* (pitre) clown; (Hist) jester.

bougeoir [buʒwar] *nm* candlestick.

bouger [buʒe] (3) — **1** *vi* to move. (idées, prix) **ne pas** ~ to stay the same. — **2** *vt* (objet) to move, **il n'a pas bougé le petit doigt** he didn't lift a finger. — **3 se bouger*** *vpr* to move.

bougie [buʒi] *nf* candle; (Aut) spark plug; (*: visage) face.

bougon, -onne [bug3, ɔn] *adj* grumpy. ◆ **bougonner** (1) *vi* to grumble.

bouillant, e [bujɑ̃, ɑ̃t] *adj* (brûlant) boiling hot; (qui bout) boiling.

bouille [buj] *nf* porridge. **mettre en** ~ to reduce to a pulp.

bouillir [bujir] (15) *vi* to boil. **faire** ~ (eau, linge) to boil; **faire** ~ **qn** to make sb's blood boil; ~ **d'impatience** to seethe with impatience. ◆ **bouilloire** *nf* kettle.

bouillon [buj3] *nm* (soupe) stock. **couler à gros** ~s to gush out.

bouillotte [bujɔt] *nf* hot-water bottle.

boulanger [bulɑ̃ʒe] *nm* baker. ◆ **boulangère** *nf* (woman) baker; (épouse) baker's wife. ◆ **boulangerie** *nf* (magasin) baker's shop, bakery; (commerce) bakery trade.

boule [bul] *nf* (gén) ball; (Boules) bowl; (Casino) boule. **avoir une** ~ **dans la gorge** to have a lump in one's throat; **perdre la** ~* to go nuts*; **être en** ~* to be mad*; ~ **de gomme** fruit pastille; ~ **de neige** snowball.

bouleau, *pl* ~**x** [bulo] *nm* silver birch.

---

bouledogue [buldɔg] *nm* bulldog.

boulet [bulɛ] *nm* (forçat) ball and chain; (charbon) coal nut. ~ **de canon** cannonball.

boulette [bulɛt] *nf* (papier) pellet; (viande) meatball; (*: erreur) blunder.

boulevard [bulvar] *nm* boulevard.

bouleversant, e [bulversɑ̃, ɑ̃t] *adj* (récit) deeply moving; (nouvelle) shattering.

bouleversement [bulversəmɑ̃] *nm* upheaval.

bouleverser [bulverse] (1) *vt* to upset.

boulon [bul3] *nm* bolt.

boulot* [bulo] *nm* (gén) work; (emploi) job.

boulotter* [bulɔte] (1) *vti* to eat.

bouquet [bukɛ] *nm* (gén) bunch; (fleurs) bunch of flowers; (feu d'artifice) crowning piece; (vin) bouquet; (crevette) prawn. (fig) **c'est le** ~* that takes the cake!

bouquin* [bukɛ̃] *nm* book. ◆ **bouquiner*** (1) *vti* to read.

bourde* [burd(ə)] *nf* blunder.

bourdon [burd3] *nm* (Zool) bumblebee; (cloche) great bell. **avoir le** ~* to have the blues*.

bourdonnement [burdɔnmɑ̃] *nm* (voix, insecte) buzz; (moteur) drone. ◆ **bourdonner** (1) *vi* to buzz; to drone.

bourg [bur] *nm*, **bourgade** [burgad] *nf* village, small town.

bourgeois, e [burʒwa, waz] — **1** *adj* (gén) middle-class; (Pol, péj) bourgeois. — **2** *nm,f* bourgeois, middle-class person. ◆ **bourgeoisie** *nf* middle-class, bourgeoisie. **petite** ~ lower middle-class.

bourgeon [burʒ3] *nm* bud.

bourrasque [burask(ə)] *nf* (vent) gust; (pluie) squall; (neige) flurry.

bourratif, -ive [buratif, iv] *adj* filling.

bourré, e [bure] *adj* packed, crammed (de with); (*: ivre) tight*.

bourreau, *pl* ~**x** [buro] *nm* (tortionnaire) torturer; (Justice) executioner; (pendaison) hangman. ~ **d'enfants** child batterer; ~ **de travail** glutton for work*, workaholic*.

bourrelet [burlɛ] *nm* roll.

bourrer [bure] (1) *vt* (gén) to fill; (valise) to cram full. **les frites, ça bourre!** chips are very filling!

bourrique [burik] *nf* she-ass. **faire tourner qn en** ~ to drive sb mad*.

bourru, e [bury] *adj* surly.

bourse [burs(ə)] *nf* purse. (Fin) **la B**~ the Stock Exchange ou Market (US); ~ **d'études** student's grant; **sans** ~ **délier** without spending a penny; **ils font** ~ **commune** they pool their earnings. ◆ **boursier, -ière** — **1** *adj* Stock Market. — **2** *nm,f* (étudiant) grant-holder.

boursoufler [bursufle] (1) *vt* to puff up, bloat.

bousculade [buskylad] *nf* (remous) jostle, crush; (hâte) rush.

bousculer [buskyle] (1) *vt* (pousser) to jostle; (presser) to rush.

boussole [busɔl] *nf* compass.

bout [bu] *nm* (a) (extrémité) end; (pointue) tip. (fig) **du** ~ **des lèvres** reluctantly, half-heartedly; **jusqu'au** ~ **des ongles** to one's fingertips; **savoir qch sur le** ~ **du doigt** to have sth at one's fingertips; **au** ~ **d'un mois** at the end of a month; **d'un** ~ **à l'autre du voyage** throughout the journey; **ce n'est pas le** ~ **du**

monde! it's not the end of the world; **au ~** end to end; **de ~ en ~** from start to finish; **à ~ portant à** point-blank range. **(b)** (morceau) piece, bit. **~ de terrain** patch of land; **cela fait un ~ de chemin** it's quite a long way away; **il est resté un bon ~ de temps** he stayed quite some time. **(c)** être **à ~** (fatigué) to be all in*; (en colère) to have had enough; **à ~ de chemise** in one's shirt sleeves; **à ~ de ressources** to have no money left; **être à ~ de nerfs** to be at the end of one's tether; **pousser qn à ~** to push sb to the limit of his patience.

boutade [butad] *nf* sally, quip.

boute-en-train [butɑ̃trɛ̃] *nm inv* live wire*.

bouteille [butɛj] *nf* (a) bottle; (gaz) cylinder. ◆ **Thermos** Thermos,® flask; **mettre en ~s** to bottle.

boutique [butik] *nf* shop, store. ◆ **boutiquier, -ière** *nm,f* shopkeeper.

bouton [butɔ̃] *nm* (Couture) button; (Élec) switch; (porte, radio) knob; (sonnette) button; (Méd) spot, pimple; (Bot) bud. **en ~** in bud; **~ de col** collar stud; **~ de manchette** cufflink; **~ d'or** buttercup; **~pression** press-stud. ◆ **boutonner** (1) *vt* to button up. ◆ **boutonnière** *nf* buttonhole.

bouture [butyʀ] *nf* cutting.

bovin, e [bɔvɛ̃, in] — **1** *adj* bovine. — **2** *nmpl* **~s** cattle.

bowling [bulin] *nm* (jeu) tenpin bowling; (salle) bowling alley.

box, pl boxes [bɔks] *nm* (dortoir) cubicle; (écurie) loose-box; (garage) lock-up garage. **~ des accusés** dock.

boxe [bɔks(ə)] *nf* boxing.

boxer [bɔkse] (1) *vi* to box. ◆ **boxeur** *nm* boxer.

boyau, pl ~x [bwajo] *nm* (intestins) ~x guts; **~ de chat** cat gut.

boycottage [bɔjkɔtaʒ] *nm* boycott. ◆ **boycotter** (1) *vt* to boycott.

bracelet [braslɛ] *nm* (poignet) bracelet; (bras, cheville) bangle; (montre) strap. **~-montre** *nm* wrist watch.

braconnage [bʀakɔnaʒ] *nm* poaching. ◆ **braconner** (1) *vi* to poach. ◆ **braconnier** *nm* poacher.

brader [bʀade] (1) *vt* to sell cut price. ◆ **braderie** *nf* cut-price market.

braguette [bʀagɛt] *nf* fly, flies (of trousers).

brailler [bʀaje] (1) *vi* to bawl.

braire [bʀɛʀ] (50) *vi* to bray.

braise [bʀɛz] *nf* : **~(s)** embers.

brancard [bʀɑ̃kaʀ] *nm* stretcher. ◆ **brancardier, -ière** *nm,f* stretcher-bearer.

branchages [bʀɑ̃ʃaʒ] *nmpl* fallen branches.

branche [bʀɑ̃ʃ] *nf* (lit, fig) branch; (lunettes) side-piece; (compas) leg; (ciseaux) blade.

branchement [bʀɑ̃ʃmɑ̃] *nm* (action) connecting-up; (conduite) connection.

brancher [bʀɑ̃ʃe] (1) *vt* (prise) to plug in; (téléphone) to connect up.

branchies [bʀɑ̃ʃi] *nfpl* gills.

brandir [bʀɑ̃diʀ] (2) *vt* to brandish, flourish.

branlant, e [bʀɑ̃lɑ̃, ɑ̃t] *adj* (gén) shaky; (dent) loose.

braquer [bʀake] (1) *vt* (fixer) to turn. **~ une arme sur** to point *ou* aim a weapon at; **~ les**

---

yeux sur qch to fix one's eyes on sth. **~ qn** to antagonize sb; **être braqué contre qch** to be set against sth.

bras [bʀa] *nm* (a) arm. **au ~ de qn** on sb's arm; **~ dessus, ~ dessous** arm in arm; **se donner le ~** to link arms; **~ dessous** arm in arm. **(b)** (travailleur) hand, worker. **(c)** (outil) handle; (fauteuil, électrophone) arm; (croix) limb; (brancard) shaft; (fleuve) branch. **(d)** (fig) **~ droit** right-hand man; **en ~ de chemise** in one's shirt sleeves; **saisir qn à ~ le corps** to seize sb bodily; **avoir le ~ long** to have a long arm; **à ~ ouverts** with open arms; **les ~ m'en tombent** I'm stunned; **avoir qch sur les ~** * to be stuck* with sth.

brasier [bʀazje] *nm* inferno.

brassage [bʀasaʒ] *nm* (mélange) mixing; (bière) brewing.

brassard [bʀasaʀ] *nm* armband.

brasse [bʀas] *nf* (distance) fathom; (nage) breast-stroke. **~ papillon** butterfly-stroke.

brassée [bʀase] *nf* armful.

brasser [bʀase] (1) *vt* (mélanger) to mix; (cartes) to shuffle; (bière) to brew. ◆ **brasserie** *nf* (café) ≃ pub, brasserie; (usine) brewery.

bravade [bʀavad] *nf* daring act. **par ~** out of bravado.

brave [bʀav] *adj* (courageux) brave; (bon) nice; (honnête) decent, honest. **de ~s gens** decent people. ◆ **bravement** *adv* bravely.

braver [bʀave] (1) *vt* (autorité) to defy; (danger) to brave.

bravo [bʀavo] *nm* cheer. **~!** (félicitation) well done!; (approbation) hear! hear!

bravoure [bʀavuʀ] *nf* bravery.

break [bʀɛk] *nm* estate car, station wagon (US).

brebis [bʀəbi] *nf* (Zool) ewe. **~ égarée** stray sheep. **~ galeuse** black sheep.

brèche [bʀɛʃ] *nf* breach.

bredouille [bʀəduj] *adj* empty-handed.

bredouiller [bʀəduje] (1) *vi* to stammer, mumble.

bref, brève [bʀɛf, ɛv] — **1** *adj* brief, short. **soyez ~** be brief; **à ~ délai** shortly. — **2** *adv* (passons) anyway. **(pour résumer) en ~** in short, in brief.

breloque [bʀəlɔk] *nf* bracelet charm.

Brésil [bʀezil] *nm* Brazil. ◆ **brésilien, -ienne** *adj*, **B~** *nm,f* Brazilian.

Bretagne [bʀətaɲ] *nf* Brittany.

bretelle [bʀətɛl] *nf* (fusil) sling; (autoroute) slip road. **(pantalon) ~s** braces, suspenders (US). **~ de raccordement** access road.

breuvage [bʀœvaʒ] *nm* drink.

brève [bʀɛv] *V* **bref**.

brevet [bʀəvɛ] *nm* (diplôme) diploma, certificate; (pilote) licence. **~ d'invention** patent. ◆ **breveté, e** *adj* (invention) patented; (technicien) qualified.

bréviaire [bʀevjɛʀ] *nm* breviary.

bribe [bʀib] *nf* bit.

bric-à-brac [bʀikabʀak] *nm inv* (objets) bric-a-brac; (magasin) junk shop.

bricole* [bʀikɔl] *nf* (babiole) trifle; (cadeau) token; (travail) small job. **Il ne reste que des ~s** there are only a few bits and pieces left; **10 F et des ~s** 10 francs odd*.

bricolage [brikɔlaʒ] nm odd jobs. **rayon ~** do-it-yourself department.

bricoler [brikɔle] (1) — **1** vi to do odd jobs; — **2** vt (réparer) to fix up, mend; (fabriquer) to knock together. ◆ **bricoleur** nm handyman.

bride [brid] nf (Équitation) bridle; (bonnet) string; (en cuir) strap. **laisser la ~ sur le cou à qn** to leave sb a free hand; **à ~ abattue** flat out. ◆ **brider** (1) vt to bridle. **yeux bridés** slit eyes.

bridge [bridʒ(ə)] nm (jeu, dents) bridge; (partie) game of bridge.

brièvement [brijɛvmɑ̃] adv briefly. ◆ **brièveté** nf brevity.

brigand [brigɑ̃] nm brigand; (filou) crook; (hum : enfant) rascal.

briguer [brige] (1) vt (emploi) to covet; (suffrages) to solicit.

brillamment [brijamɑ̃] adv brilliantly.

brillant, e [brijɑ̃, ɑ̃t] — **1** adj (luisant) shiny; (étincelant) sparkling; (personne, idées) brilliant. **yeux ~s de fièvre** eyes bright with fever. — **2** nm (diamant) brilliant; (reflet) shine.

briller [brije] (1) vi (gén) to shine (de with); (diamant) to sparkle; (étoile) to twinkle; (éclair) to flash. **faire ~** (meuble etc) to polish; **il ne brille pas par le courage** courage is not his strong point; **~ par son absence** to be conspicuous by one's absence.

brimade [brimad] nf vexation.

brimer [brime] (1) vt to bully, rag.

brin [brɛ̃] nm (herbe) blade; (muguet) sprig; (osier) twig; (paille) wisp. **un beau ~ de fille** a fine-looking girl; **un ~ de** a touch ou grain of; **faire un ~ de toilette** to have a quick wash. ◆ **brindille** nf twig.

bringue* [brɛ̃g] nf : **faire la ~** to go on a binge*.

bringuebaler* [brɛ̃gbale] (1) — **1** vi to shake about, joggle; (avec bruit) to rattle. — **2** vt to cart about.

brio [brijo] nm brilliance; (Mus) brio. **avec ~** brilliantly.

brioche [brijɔʃ] nf brioche, bun; (* : ventre) paunch.

brique [brik] nf (Constr) brick; (*) a million old francs.

briquer* [brike] (1) vt to polish up.

briquet [brike] nm cigarette lighter.

brise [briz] nf breeze.

brise-glace [brizglas] nm inv ice breaker.

brise-lames [brizlam] nm inv breakwater.

briser [brize] (1) — **1** vt (gén) to break; (carrière) to ruin, wreck; (espoir, rébellion) to crush. **~ en mille morceaux** to smash to smithereens; **~ la glace** to break the ice; **d'une voix brisée par l'émotion** in a voice choked with emotion; **brisé de fatigue** worn out, exhausted; **brisé de chagrin** broken-hearted. — **2** vi to break (avec with, contre against). — **3 se briser** vpr to break (contre against).

britannique [britanik] — **1** adj British. — **2** nmf : **B~** British citizen; **les B~s** the British.

broc [brɔ] nm pitcher.

brocanteur [brɔkɑ̃tœr] nm secondhand furniture dealer.

broche [brɔʃ] nf (bijou) brooch; (Culin) spit; (Tech, Méd) pin.

brochet [brɔʃe] nm pike (pl inv).

brochette [brɔʃet] nf (ustensile) skewer; (plat) kebab. **~ de** (décorations) row of.

brochure [brɔʃyr] nf brochure, pamphlet.

broder [brɔde] (1) vi to embroider (de with). ◆ **broderie** nf (art) embroidery; (objet) piece of embroidery. ◆ **brodeuse** nf embroideress.

bronche [brɔ̃ʃ] nf : **~s** bronchial tubes.

broncher [brɔ̃ʃe] (1) vi (cheval) to stumble. **personne n'osait ~*** no one dared move a muscle; **sans ~** (sans peur) without flinching; (sans protester) uncomplainingly; (sans se tromper) without faltering.

bronchite [brɔ̃ʃit] nf : **la ~** bronchitis; **il a fait 2 ~s** he's had bronchitis twice.

bronzage [brɔ̃zaʒ] nm suntan.

bronze [brɔ̃z] nm bronze.

bronzé, e [brɔ̃ze] adj suntanned, sunburnt.

bronzer [brɔ̃ze] (1) — **1** vt to tan. — **2** vi to get a tan. — **3 se bronzer** vpr to sunbathe.

brosse [brɔs] nf brush; (en chiendent) scrubbing-brush. **~ à dents** toothbrush; **avoir les cheveux en ~** to have a crew-cut. ◆ **brosser** (1) — **1** vt to brush; to scrub; (peindre) to paint. **~ qn** to brush sb's clothes. — **2 se brosser** vpr to brush one's clothes. **se ~ les dents** to brush one's teeth.

brouette [bruet] nf wheelbarrow.

brouhaha [bruaa] nm hubbub.

brouillard [brujar] nm fog; (léger) mist; (avec fumée) smog. **il fait du ~** it's foggy; (fig) **être dans le ~** to be lost.

brouille [bruj] nf quarrel; (légère) tiff.

brouiller [bruje] (1) — **1** vt (a) (contour, vue) to blur; (idées) to muddle up; (message) to scramble; (Rad) to jam. (fig) **~ les pistes ou cartes** to cloud the issue. (b) (fâcher) to put on bad terms (avec with). **être brouillé avec qn** to have fallen out with sb. — **2 se brouiller** vpr to become blurred; to get muddled up. **se ~ avec qn** to fall out with sb; **le temps se brouille** the weather is breaking.

brouillon, -onne [brujɔ̃, ɔn] — **1** adj (sans soin) untidy; (sans organisation) muddle-headed. — **2** nm (devoir) rough copy; (ébauche) rough draft. **papier ~** rough paper; **prendre qch au ~** to make a rough copy of sth.

broussaille [brusaj] nf : **~s** undergrowth, scrub. **en ~** (cheveux) unkempt, tousled.

brousse [brus] nf : **la ~** the bush; (fig) **en pleine ~*** in the middle of nowhere.

brouter [brute] (1) vi to graze.

broutille* [brutij] nf : **c'est de la ~*** (mauvaise qualité) it's cheap rubbish; (sans importance) it's not worth mentioning.

broyer [brwaje] (1) vt to grind; (main) to crush. (fig) **~ du noir** to be down in the dumps*.

bru [bry] nf daughter-in-law.

brugnon [brynɔ̃] nm nectarine.

bruit [brɥi] nm (gén) noise; (sourd) thud; (strident) screech; (voix, moteur) sound; (vaisselle) clatter; (fig : nouvelle) rumour. **des ~ de pas** footsteps; **~ de fond** background noise; **on n'entend aucun ~** you can't hear a sound; **faire du ~** to make a noise; **sans ~** noiselessly; **beaucoup de ~ pour rien** much ado about nothing; **faire grand ~ autour de** to make a great to-do about; **le ~ court que** rumour has it that.

brûlant, e [bʀylɑ̃, ɑ̃t] *adj (objet)* burning hot; *(plat, liquide)* piping hot; *(soleil)* scorching; *(sujet)* ticklish. ~ **de fièvre** burning with fever; **c'est d'une actualité** ~**e** it's the burning question of the hour.

brûle-pourpoint [bʀylpuʀpwɛ̃] *adv*: **à** ~ point-blank.

brûler [bʀyle] (1) — **1** *vt (gén)* to burn; *(eau bouillante)* to scald. **brûlé par le soleil** *(vacancier)* sunburnt, suntanned; *(herbe)* scorched; **brûlé vif** burnt alive; **grand brûlé** sun-badly burnt person. ~ **la chandelle par les deux bouts** to burn the candle at both ends; ~ **un feu rouge** to go through a red light; ~ **une étape** ... to miss out a stop; **les yeux me brûlent** my eyes are smarting. — **2** *vi (lumière, feu, rôti)* to burn; *(maison)* to be on fire. **ça sent le brûlé** there's a smell of burning; **goût de brûlé** burnt taste; **ça brûle** you'll get burnt; *(jeu)* **tu brûles!** you're getting hot; ~ **d'envie de faire qch** to be burning to do sth.; ~ **d'impatience** to seethe with impatience. — **3 se brûler** *vpr* to burn o.s.; *(s'ébouillanter)* to scald o.s. **se** ~ **la cervelle** to blow one's brains out. ◆ **brûleur** *nm* burner. ◆ **brûlure** *nf* burn; *(d'eau bouillante)* scald; ~**s d'estomac** heartburn.

brume [bʀym] *nf* mist; *(dense)* fog; *(légère)* haze. ◆ **brumeux, -euse** *adj* misty; foggy; *(fig)* obscure, hazy.

brun, e [bʀœ̃, yn] *adj (gén)* brown; *(cheveux)* dark; *(peau)* swarthy; *(bronzé)* tanned. **il est** ~ he's dark-haired.

brusque [bʀysk(ə)] *adj* abrupt. ◆ **brusquement** *adv* abruptly. ◆ **brusquer** (1) *vt* to rush. ◆ **brusquerie** *nf* abruptness.

brut, e[¹] [bʀyt] *adj (diamant)* rough; *(pétrole)* crude; *(sucre)* unrefined; *(métal)* raw; *(champagne)* brut; *(fait, idée)* crude, raw. **à l'état** ~ in the rough; **10 kg** ~ 10 kg gross.

brutal, e, *mpl* **-aux** [bʀytal, o] *adj (caractère)* rough, brutal; *(jeu)* rough; *(réponse, franchise)* blunt; *(mort)* sudden; *(coup)* brutal. ◆ **brutalement** *adv* roughly; brutally; bluntly; suddenly. ◆ **brutaliser** (1) *vt personne* to illtreat. ◆ **brutalité** *nf* brutality; roughness; suddenness; *(acte)* brutality. ◆ **brute**[²] *nf (brutal)* brute; *(grossier)* boor, lout. **grosse** ~* big bully.

Bruxelles [bʀysɛl] *n* Brussels.

bruyamment [bʀɥijamɑ̃] *adv* noisily.

bruyant, e [bʀɥijɑ̃, ɑ̃t] *adj* noisy.

bruyère [bʀɥijɛʀ] *nf (plante)* heather; *(terrain)* heathland; **pipe en** ~ briar pipe.

buche [byʃ] *nf* log. ~ **de Noël** Yule log; **ramasser une** ~* to come a cropper*.

bucheron [byʃʀɔ̃] *nm* woodcutter, lumberjack.

budget [bydʒɛ] *nm* budget. ◆ **budgétaire** *adj* budgetary.

buée [bɥe] *nf* mist, condensation. **couvert de** ~ misted up, steamed up.

buffet [byfɛ] *nm (meuble)* sideboard; *(réception)* buffet. ~ **de gare** station buffet; ~ **de cuisine** kitchen dresser.

buffle [byfl(ə)] *nm* buffalo.

buis [bɥi] *nm* boxwood.

buisson [bɥisɔ̃] *nm* bush.

bulbe [bylb(ə)] *nm* bulb.

Bulgarie [bylgaʀi] *nf* Bulgaria. ◆ **bulgare** *adj*; **B**~ *nmf* Bulgarian.

bulldozer [buldozɛʀ] *nm* bulldozer.

bulle [byl] *nf* bubble; *(Rel)* bull; *(bande dessinée)* balloon. **faire des** ~**s** to blow bubbles.

bulletin [byltɛ̃] *nm (communiqué)* bulletin; *(formulaire)* form; *(certificat)* certificate; *(billet)* ticket; *(Scol)* report; *(Pol)* ballot paper. ~ **météorologique** weather forecast; ~**réponse** reply form *ou* coupon; ~ **de salaire** pay-slip.

bureau, *pl* **~x** [byʀo] *nm (meuble)* desk; *(chambre)* study; *(lieu de travail)* office; *(section)* department; *(comité)* committee; *(exécutif)* board. **heures de** ~ office hours; ~ **de change** bureau de change; ~ **de location** booking *ou* box office; ~ **de placement** employment agency; ~ **de poste** post office; ~ **de tabac** tobacconist's shop; ~ **de vote** polling station. ◆ **bureaucrate** [byʀokʀat] *nmf* bureaucrat. ◆ **bureaucratie** *nf (péj)* bureaucracy, red tape. ◆ **bureaucratique** *adj* bureaucratic.

burin [byʀɛ̃] *nm* cold chisel.

burlesque [byʀlɛsk(ə)] *adj (Théât)* burlesque; *(comique)* comical; *(ridicule)* ludicrous.

bus* [bys] *nm* bus.

buste [byst(ə)] *nm* chest.

but [by] *nm (gén, Sport)* goal; *(intention)* aim, purpose. **errer sans** ~ to wander aimlessly about; **il a pour** ~ **de faire** he is aiming to do; **aller droit au** ~ to go straight to the point; **dans le** ~ **de faire** with the aim of doing; **le** ~ **de l'opération** the object *ou* point of the operation; **de** ~ **en blanc** *(demander)* point-blank.

butane [bytan] *nm (Chim)* butane; *(en bouteille)* calor gas.

buté, e [byte] *adj* stubborn, obstinate.

buter [byte] (1) — **1** *vi* : ~ **contre** *(trébucher)* to stumble over; *(cogner)* to bump into; *(s'appuyer)* to rest against; ~ **contre** *ou* **sur une difficulté** to come up against a difficulty. — **2 se buter** *vpr* to dig one's heels in.

butin [bytɛ̃] *nm (armée)* spoils; *(voleur)* loot; *(fig)* booty.

butiner [bytine] (1) *vi* to gather nectar.

butte [byt] *nf* mound, hillock. **être en** ~ **à** to be exposed to.

buvable [byvabl(ə)] *adj* drinkable.

buvard [byvaʀ] *nm (papier)* blotting paper; *(sous-main)* blotter.

buvette [byvɛt] *nf* refreshment stall.

buveur, -euse [byvœʀ, øz] *nmf* drinker; *(café)* customer.

C, c [se] *nm (lettre)* C, c.

c' [s] *abrév de* **ce.**

ça [sa] *pron dém* = **cela** *(langue parlée)*.

çà [sa] *adv* : **~ et là** here and there.

cabane [kaban] *nf (hutte)* cabin; *(remise)* shed; **~ à lapins** rabbit hutch.

cabaret [kabaʀɛ] *nm* night club; *(Hist : café)* inn.

cabas [kabɑ] *nm* shopping bag.

cabillaud [kabijo] *nm* cod.

cabine [kabin] *nf (Espace, Naut)* cabin; *(avion)* cockpit; *(piscine)* cubicle; *(Audiovisuel)* booth. **~ d'ascenseur** liftcage; **~ de bain** bathing hut; **~ d'essayage** fitting room; **~ téléphonique** phone box *ou* booth.

cabinet [kabinɛ] *nm (médecin)* surgery, consulting-room; *(notaire)* office; *(immobilier)* agency; *(clientèle)* practice; *(gouvernement)* cabinet. **~ de toilette** bathroom; *(w.c.)* **les ~s** the toilet.

câble [kɑbl(ə)] *nm* cable. **~ d'amarrage** mooring line. ♦ **câbler** (1) *vt* to cable.

cabosser [kabose] (1) *vt* to dent.

cabrer [kabʀe] (1) — **1** *vt (cheval)* to make rear up; *(avion)* to nose up. **~ qn** to put sb's back up. — **2 se cabrer** *vpr* to rear up; *(personne)* to rebel *(contre* against).

cabriole [kabʀijɔl] *nf* caper.

cabriolet [kabʀijɔlɛ] *nm (Aut)* convertible.

caca* [kaka] *nm* : **faire ~** to do a job*.

cacah(o)uète [kakawɛt] *nf* peanut.

cacao [kakao] *nm* cocoa.

cachalot [kaʃalo] *nm* sperm whale.

cache [kaʃ] — **1** *nm (gén)* card; *(Phot)* mask. — **2** *nf* hiding place; *(pour butin)* cache.

cache-cache [kaʃkaʃ] *nm inv* hide-and-seek.

cache-col [kaʃkɔl] *nm inv,* **cache-nez** [kaʃne] *nm inv* scarf, muffler.

cacher [kaʃe] (1) — **1** *vt* to hide, conceal. **~ son jeu** *(lit)* to keep one's cards up; *(fig)* to hide one's game; **tu me caches la lumière** you're in my light; **il n'a pas caché que he made no secret of the fact that.** — **2 se cacher** *vpr* to hide, be concealed. **faire qch sans se ~** to do sth openly.

caché, e [kaʃe] *adj (gén)* hidden; *(secret)* secret.

cachemire [kaʃmiʀ] *nm (laine)* cashmere; *(dessin)* paisley pattern.

cachet [kaʃɛ] *nm (pilule)* tablet; *(timbre)* stamp; *(sceau)* seal; *(fig : caractère)* style; *(rétribution)* fee. **~ de la poste** postmark. ♦ **cacheter** (4) *vt* to seal.

cachette [kaʃɛt] *nf* hiding-place. **en ~** secretly.

cachot [kaʃo] *nm* dungeon.

cachotterie [kaʃɔtʀi] *nf* mystery. ♦ **cachottier, -ière** *adj* secretive.

cactus [kaktys] *nm* cactus.

cadastre [kadastʀ(ə)] *nm (registre)* land register.

cadavérique [kadaveʀik] *adj* deathly pale.

cadavre [kadɑvʀ(ə)] *nm* corpse, dead body.

cadeau, *pl* **~x** [kado] *nm* present, gift *(de qn* from sb*).* **faire ~ de qch à qn** to give sb sth as a present.

cadenas [kadnɑ] *nm* padlock. ♦ **cadenasser** (1) *vt* to padlock.

cadence [kadɑ̃s] *nf (gén)* rhythm; *(tir, production)* rate; *(marche)* pace. **en ~** rhythmically. ♦ **cadencé, e** *adj* rhythmical.

cadet, -ette [kadɛ, ɛt] — **1** *adj (entre 2)* younger; *(plus de 2)* youngest. **mon fils ~** my younger son. — **2** *nmf* youngest child; *(sport)* minor *(15-17 years).* **il est mon ~ de 2 ans** he's 2 years younger than me; **c'est le ~ de mes soucis** it's the least of my worries.

cadran [kadʀɑ̃] *nm (gén)* dial; *(baromètre)* face. **~ solaire** sundial.

cadre [kadʀ(ə)] *nm* **(a)** *(chassis)* frame; *(sur formulaire)* space, box. **(b)** *(décor)* setting, surroundings. **(c)** *(limites)* **dans le ~ de** *(fonctions)* within the scope *ou* limits of; *(festival)* within the context *ou* framework of. **(d)** *(chef)* executive, manager; *(Mil)* officer. **les ~s** the managerial staff; **~ supérieur** senior executive; **~ moyen** junior executive; **rayé des ~s** *(licencié)* dismissed; *(libéré)* discharged.

cadrer [kadʀe] (1) — **1** *vi* to tally *(avec* with). — **2** *vt (Phot)* to centre.

cafard [kafaʀ] *nm (insecte)* cockroach. **avoir le ~*** to have the blues*.

café [kafe] *nm (produit)* coffee; *(lieu)* café. **~ au lait** white coffee; *(couleur)* coffee-coloured. ♦ **cafetier, -ière** — **1** *nmf* café-owner. — **2** *nf (pot)* coffeepot; *(* : *tête)* nut*.

cage [kaʒ] *nf (gén)* cage; *(Sport : buts)* goal. **~ d'ascenseur** lift shaft; **~ d'escalier** stairwell.

cageot [kaʒo] *nm* crate.

cagibi [kaʒibi] *nm* box room.

cagnotte [kaɲɔt] *nf (caisse commune)* kitty; *(* : *économies)* hoard.

cagoule [kagul] *nf* (*moine*) cowl; (*bandit*) hood; (*enfant*) balaclava.

cahier [kaje] *nm* (*Scol*) exercise book; (*revue*) journal. **~ de brouillon** roughbook, jotter; **~ de textes** homework notebook.

cahin-caha* [kaɛ̃kaa] *adv* : **aller ~** (*vie, marcheur*) to jog along; (*santé*) to be so-so*.

cahot [kao] *nm* jolt, bump.

cahute [kayt] *nf* shack.

caïd [kaid] *nm* (*meneur*) big chief*; (*: as*) ace (**en** at).

caille [kaj] *nf* quail.

cailler [kaje] (1) *vi* (*lait*) to curdle; (*sang*) to clot. (*: avoir froid*) to be cold. ◆ **caillot** *nm* blood clot.

caillou, *pl* **~x** [kaju] *nm* (*gén*) stone; (*petit galet*) pebble; (*grosse pierre*) boulder; (*: diamant*) stone. **il n'a pas un poil sur le ~*:** he's as bald as a coot.

caisse [kɛs] *nf* (**a**) (*boîte*) box; (*cageot*) crate. **~ à outils** toolbox; **~ de résonance** resonance chamber. (**b**) (*machine*) cash register, till; (*portable*) cashbox. **~ enregistreuse** cash register; **~ noire** secret funds; **avoir de l'argent en ~** to have ready cash; **faire la ~** to do the till. (**c**) (*comptoir*) (*gén*) cashdesk; (*banque*) cashier's desk; (*supermarché*) checkout. (**d**) **~ de sécurité sociale** social security office; **~ de retraite** pension fund, **~ d'épargne** savings bank. ◆ **caissette** *nf* (small) box. ◆ **caissier, -ière** *nm,f* (*gén*) cashier; (*banque*) teller; (*supermarché*) check-out assistant; (*cinéma*) box-office assistant. ◆ **caisson** *nm* caisson.

cajoler [kaʒɔle] (1) *vi* to cuddle. ◆ **cajolerie** *nf* cuddle.

cake [kɛk] *nm* fruit cake.

calamité [kalamite] *nf* calamity.

calcaire [kalkɛr] — **1** *adj* (*gén*) chalky; (*eau*) hard; (*Géol*) limestone. — **2** *nm* limestone.

calciné, e [kalsine] *adj* burnt to a cinder.

calcium [kalsjɔm] *nm* calcium.

calcul [kalkyl] *nm* (**a**) (*gén, fig*) calculation; (*exercice scolaire*) sum. (*discipline*) **le ~** arithmetic; **erreur de ~** miscalculation. (**b**) (*Méd*) stone. ◆ **calculatrice** *nf* calculator. ◆ **calculer** (1) — **1** *vt* to calculate, work out. **~ son coup** to plan one's move carefully; **tout bien calculé** everything considered. — **2** *vi* (*Math*) to calculate; (*économiser*) to count the pennies.

cale [kal] *nf* (*pour bloquer*) wedge; (*soute*) hold; (*plan incliné*) slipway. **~ sèche** dry dock.

calé, e* [kale] *adj* (*personne*) bright; (*problème*) tough.

caleçon [kalsɔ̃] *nm* pair of underpants. **~s de bain** bathing trunks.

calembour [kalɑ̃bur] *nm* pun.

calendrier [kalɑ̃drije] *nm* calendar; (*programme*) timetable.

calepin [kalpɛ̃] *nm* notebook.

caler [kale] (1) — **1** *vt* (*meuble*) to wedge; (*malade*) to prop up. **ça vous cale l'estomac*** it fills you up; **se ~ dans un fauteuil** to settle o.s. comfortably in an armchair. — **2** *vi* (*véhicule*) to stall; (*: abandonner*) to give up.

calfeutrer [kalføtre] (1) *vt* to draughtproof.

calibre [kalibr(ə)] *nm* (*gén, fig*) calibre; (*œuf, fruits*) grade.

calice [kalis] *nm* (*Rel*) chalice; (*Bot*) calyx.

califourchon [kalifurʃɔ̃] *nm*: **à ~** astride.

câlin, e [kalɛ̃, in] — **1** *adj* (*enfant, chat*) cuddly; (*mère, ton*) tender, loving. — **2** *nm* cuddle. ◆ **câliner** (1) *vt* to cuddle. ◆ **câlinerie** *nf* tenderness. **~s** caresses.

calmant [kalmɑ̃] *nm* (*pour les nerfs*) tranquillizer; (*contre la douleur*) painkiller.

calmar [kalmar] *nm* squid.

calme [kalm(ə)] — **1** *adj* calm, quiet. — **2** *nm* calmness, quietness; (*sang-froid*) sangfroid. **du ~!** (*restez tranquille*) keep quiet!; (*pas de panique*) keep cool! ou calm!; (*Naut*) **ramener le ~** to restore order; (*Naut*) **~ plat** dead calm; (*fig*) **c'est le ~ plat** things are at a standstill. ◆ **calmement** *adv* quietly.
◆ **calmer** (1) *vt* (*douleur*) to soothe; (*impatience*) to curb; (*faim*) to appease; (*soif*) to quench. — **2 se ~ calmer** *vpr* (*personne, mer*) to calm down; (*douleur*) to ease; (*fièvre, ardeur*) to subside.

calomnie [kalɔmni] *nf* slander; (*par écrit*) libel. ◆ **calomnier** (7) *vt* to slander; to libel. ◆ **calomnieux, -euse** *adj* slanderous; libellous.

calorie [kalɔri] *nf* calorie. ◆ **calorifique** *adj* calorific.

calorifuger [kalɔrifyʒe] (3) *vt* to lag, insulate.

calotte [kalɔt] *nf* (*bonnet*) skullcap; (*partie supérieure*) crown. (*: gifle*) slap. **~ glaciaire** icecap.

calque [kalk(ə)] *nm* (*dessin*) tracing; (*papier*) tracing paper; (*fig*) carbon copy. ◆ **calquer** (1) *vt* to trace; to copy exactly.

calumet [kalyme] *nm* : **le ~ de la paix** the pipe of peace.

calvaire [kalver] *nm* (*Rel*) Calvary; (*souffrance*) suffering, martyrdom.

calvitie [kalvisi] *nf* baldness.

camarade [kamarad] *nmf* friend, mate*. (*Pol*) comrade. **~ d'école** schoolmate. ◆ **camaraderie** *nf* friendship.

cambouis [kɑ̃bwi] *nm* dirty oil ou grease.

cambré, e [kɑ̃bre] *adj* arched.

cambrer [kɑ̃bre] (1) *vt* (*pied, dos*) to arch. **se ~** to arch o.e's back.

cambriolage [kɑ̃brijɔlaʒ] *nm* burglary. ◆ **cambrioler** [kɑ̃brijɔle] (1) *vt* to burgle, burglarize (US). ◆ **cambrioleur** *nm* burglar. ◆ **cambrousse*** [kɑ̃brus] *nf* country. **en pleine ~** out in the sticks*.

cambrure [kɑ̃brjr] *nf* (*reins*) curve; (*pied*) arch; (*route*) camber.

caméléon [kamelɛɔ̃] *nm* chameleon.

camélia [kamelja] *nm* camellia.

camelot [kamlo] *nm* street pedlar.

camelote* [kamlɔt] *nf* (*pacotille*) junk*; (*marchandise*) stuff*.

caméra [kamera] *nf* (*Ciné, TV*) camera; (*amateur*) cine-camera, movie camera (US).

camion [kamjɔ̃] *nm* (*ouvert*) lorry, truck (US); (*fermé*) van. truck (US). **~-citerne** *nm, pl* **~s-** tanker, tank truck (US). **~ de déménagement** removal van. ◆ **camionnette** *nf* small van.

camisole [kamizɔl] *nf* : **~ de force** strait jacket.

camomille [kamɔmij] *nf* camomile.

camouflage [kamufla3] *nm* camouflage.

camoufler [kamufle] (1) vt (Mil) to camouflage; (cacher) to conceal; (déguiser) to disguise. ~ de toile campsite.

camp [kɑ̃] nm (gén) camp; (parti, Sport) side. ~ de toile campsite.

campagnard, e [kɑ̃paɲaʀ, aʀd(ə)] — 1 adj country. — 2 nm countryman. — 3 nf countrywoman.

campagne [kɑ̃paɲ] nf (a) (gén) country; (paysage) countryside. (b) (Mil, Pol, Presse) campaign. faire ~ to fight a campaign; mener une ~ contre to campaign against.

campement [kɑ̃pmɑ̃] nm camp, encampment.

camper [kɑ̃pe] (1) — 1 vi to camp. — 2 vt (troupes) to camp out; (personnage) to portray; (lunettes etc) to plant (sur on). se ~ devant to plant o.s. in front of. ◆ **campeur, -euse** nm,f camper.

camphre [kɑ̃fʀ(ə)] nm camphor.

camping [kɑ̃piŋ] nm (lieu) campsite. (activité) le ~ camping; faire du ~ to go camping.

campus [kɑ̃pys] nm campus.

Canada [kanada] nm Canada. ◆ **canadianisme** nm Canadianism. ◆ **canadien, -ienne** — 1 adj Canadian. — 2 nm,f: C~, -ienne Canadian. — 3 nf (veste) fur-lined jacket.

canaille [kanaj] nf (salaud, escroc) crook; (hum : enfant) rascal.

canal, pl -aux [kanal, o] nm (artificiel) canal; (détroit) channel; (tuyau, fossé) duct; (Anat) canal, duct; (TV) channel. ◆ **canalisation** nf pipe. ◆ **canaliser** (1) vt (foule) to channel; (fleuve) to canalize.

canapé [kanape] nm (meuble) settee, couch; (Culin) canapé, open sandwich.

canard [kanaʀ] nm (gén) duck; (mâle) drake; (* : journal) rag*. (Mus) faire un ~ to hit a wrong note.

canari [kanaʀi] nm canary.

cancans [kɑ̃kɑ̃] nmpl gossip. ◆ **cancaner** (1) vi to gossip.

cancer [kɑ̃sɛʀ] nm cancer. ◆ **cancéreux, -euse** adj (tumeur) cancerous; (personne) with cancer. ◆ **cancérigène** adj carcinogenic.

cancre [kɑ̃kʀ(ə)] nm (péj) dunce.

candélabre [kɑ̃delɑbʀ(ə)] nm candelabra.

candeur [kɑ̃dœʀ] nf naïvety.

candidat, e [kɑ̃dida, at] nm,f candidate (à at); (poste) applicant (à for). ◆ **candidature** nf candidacy, candidacy (US); application (à for). poser sa ~ à un poste to apply for a job.

candide [kɑ̃did] adj naïve.

cane [kan] nf female duck. ◆ **caneton** nm duckling.

canevas [kanva] nm (a) (livre) framework. (b) (toile) canvas; (ouvrage) tapestry work.

caniche [kaniʃ] nm poodle.

canicule [kanikyl] nf scorching heat. (juillet-août) la ~ the dog days.

canif [kanif] nm penknife, pocket knife.

canine [kanin] nf canine.

caniveau, pl ~x [kanivo] nm roadside gutter.

canne [kan] nf walking stick. ~ à pêche fishing rod; ~ à sucre sugar cane.

cannelle [kanɛl] nf cinnamon.

cannibale [kanibal] — 1 adj cannibal. — 2 nmf cannibal, man-eater. ◆ **cannibalisme** nm cannibalism.

canoë [kanoe] nm canoe. faire du ~ to canoe.

canon [kanɔ̃] nm (a) (arme) gun; (Hist) cannon; (fusil, clé) barrel. (b) (Rel, Mus) canon. (code) ~s canons.

canon [kanɔ̃] nm canyon.

canot [kano] nm boat, dinghy. ~ automobile motorboat; ~ pneumatique rubber dinghy; ~ de sauvetage lifeboat.

cantatrice [kɑ̃tatʀis] nf opera singer.

cantine [kɑ̃tin] nf canteen; (service) school meals; (malle) tin trunk.

cantique [kɑ̃tik] nm hymn.

canton [kɑ̃tɔ̃] nm (gén) district; (Suisse) canton.

cantonade [kɑ̃tɔnad] nf: dire qch à la ~ to say sth to everyone in general.

cantonnement [kɑ̃tɔnmɑ̃] nm (action) stationing; (lieu) quarters, billet; (camp) camp.

cantonner [kɑ̃tɔne] (1) vt (Mil) to station. ~ qn dans un travail to confine sb to a job.

cantonnier [kɑ̃tɔnje] nm roadman.

canular [kanylaʀ] nm hoax.

caoutchouc [kautʃu] nm (matière) rubber; (élastique) rubber ou elastic band.® ~ mousse foam rubber. ◆ **caoutchouteux, -euse** adj rubbery.

cap [kap] nm (Géog) cape. le ~ Horn Cape Horn; passer le ~ de l'examen to get over the hurdle of the exam; franchir le ~ des 40 ans to turn 40; franchir le ~ des 50 millions to pass the 50-million mark; changer de ~ to change course; mettre le ~ sur to head for.

capable [kapabl(ə)] adj able, capable. ~ de faire capable of doing; te sens-tu ~ de tout manger? do you feel you can eat it all?; il est ~ de l'avoir perdu he's quite likely to have lost it.

capacité [kapasite] nf (gén) capacity. ~s intellectuelles intellectual abilities ou capacities; avoir ~ pour to be legally entitled to.

cape [kap] nf (courte) cape; (longue) cloak.

capilotade [kapilɔtad] nf : mettre en ~ to reduce to a pulp.

capitaine [kapitɛn] nm (gén) captain. ~ au long cours master mariner; ~ des pompiers fire chief.

capital, e, mpl -aux [kapital, o] — 1 adj (gén) major, main; (importance, peine) capital. il est ~ d'y aller it is absolutely essential to go. — 2 nm (Fin, Pol) capital. ~aux money, capital; le ~ artistique du pays the artistic wealth ou resources of the country. — 3 nf (lettre) capital letter; (métropole) capital city.

capitalisme [kapitalism(ə)] nm capitalism. ◆ **capitaliste** adj, nmf capitalist.

capiteux, -euse [kapitø, øz] adj intoxicating.

capitonner [kapitɔne] (1) vt to pad (de with).

capitulation [kapitylasjɔ̃] nf capitulation, surrender. ◆ **capituler** [kapityle] (1) vi to capitulate, surrender.

caporal, pl -aux [kapɔʀal, o] nm corporal.

capot [kapo] nm bonnet, hood (US).

capote [kapɔt] nf (voiture) hood, top (US); (manteau) greatcoat.

capoter [kapɔte] (1) vi to overturn.

câpre [kɑpʀ(ə)] nf (Culin) caper.

caprice [kapʀis] nm whim, caprice. faire un ~ to throw a tantrum; ~ de la nature freak of nature. ◆ **capricieux, -ieuse** adj capricious, whimsical; (lunatique) temperamental.

Capricorne [kaprikɔrn] nm : le ~ Capricorn.

capsule [kapsyl] nf capsule.

capter [kapte] (1) vt (confiance) to win; (émission) to pick up; (source) to harness.

captif, -ive [kaptif, iv] adj, nmf captive.

captiver [kaptive] (1) vt to captivate. ◆ **capti-vité** nf captivity.

capture [kaptyr] nf catch. ◆ **capturer** [kaptyre] (1) vt to catch, capture.

capuche [kapyʃ] nf hood. ◆ **capuchon** nm hood; (Rel) cowl; (pèlerine) hooded raincoat; (stylo) top, cap.

capucine [kapysin] nf (fleur) nasturtium.

car¹ [kar] nm coach, bus (US), ~ de police police van.

car² [kar] conj because, for.

carabine [karabin] nf rifle.

caractère [karaktɛr] nm (a) (nature) character, nature; (style) character. **avoir bon** ~ to be good-natured; **avoir mauvais** ~ to be ill-natured; ça n'a aucun ~ de gravité it shows no sign of seriousness; **elle a du** ~ she's a woman of character. (b) (caractéristique) characteristic, feature. (c) (Typ) character, letter. ~s gras bold type; ~s d'imprimerie block capitals. ◆ **carac-tériser** (1) vt to characterize. ◆ **caractéristi-que** — 1 adj characteristic (de of). — 2 nf characteristic, typical feature.

carafe [karaf] nf (gén) carafe; (en cristal) decanter.

carambolage [karãbɔlaʒ] nm pileup.

caramel [karamel] nm (mou) fudge; (dur) tof-fee, butterscotch; (sur gâteau) caramel.

carapace [karapas] nf shell.

carat [kara] nm carat.

caravane [karavan] nf (convoi) caravan; (véhicule) caravan, trailer (US); stream; ◆ **caravaning** nm caravanning.

carbone [karbɔn] nm carbon.

carbonisé, e [karbɔnize] adj (restes) charred, mort ~ burned to death.

carburant [karbyrã] nm fuel. ◆ **carburateur** nm carburetor.

carcasse [karkas] nf (corps) carcass; (abat-jour) frame; (bateau, immeuble) shell.

cardiaque [kardjak] adj cardiac; être ~ to have a heart condition. — 2 nmf heart patient.

cardinal, e, mpl -aux [kardinal, o] adj, nm cardinal.

cardiologie [kardjɔlɔʒi] nf cardiology. ◆ **car-diologue** nmf cardiologist, heart specialist.

carême [karɛm] nm : le C~ Lent.

carence [karãs] nf (incompétence) incompe-tence; (manque) shortage (en of); (Méd) defi-ciency. **les** ~s de the shortcomings of.

caresser [karese] (1) vt to caress, stroke; (projet) to toy with. ◆ **caresse**, e [karɛs] nf caress.

cargaison [kargɛzɔ̃] nf cargo, freight; (fig) load, stock. ◆ **cargo** nm cargo boat, freighter.

caricature [karikatyr] nf caricature. ◆ **carica-turer** (1) vt to caricature.

caricatural, e, mpl -aux [karikatyral, o] adj (ridicule) ridiculous; (exagéré) caricatured.

carie [kari] nf : la ~ dentaire tooth decay; j'ai une ~ I've got a bad tooth. ◆ **carier** (7) vt to decay. **dent cariée** bad ou decayed tooth.

carillon [karijõ] nm (cloches) peal of bells; (horloge) chime; (air) chimes. ◆ **carillonner** (1) vi (cloches) peal of bells; (sonnette) door chime.

carnage [karnaʒ] nm carnage, slaughter.

carnassier, -ière [karnasje, jɛr] — 1 adj car-nivorous, flesh-eating. — 2 nm carnivore.

carnaval, pl ~s [karnaval] nm carnival.

carnet [karnɛ] nm (calepin) notebook; (timbres, chèques) book. ~ **de notes** school report.

carnivore [karnivɔr] — 1 adj (animal) carnivo-rous, flesh-eating. — 2 nm carnivore.

carotide [karɔtid] nf carotid artery.

carotte [karɔt] nf carrot; **les** ~**s sont cuites!*** they've (ou we've etc) had it!*

carpe [karp(ə)] nf carp (pl inv).

carpette [karpɛt] nf (tapis) rug; (péj) doormat.

carré, e [kare] — 1 adj (Math, forme) square; (franc) straightforward. **mètre** ~ square metre. — 2 nm square. ~ **de terre** patch ou plot of land; **3 au** ~ 3 squared; **mettre au** ~ to square.

carreau, pl ~x [karo] nm (a) (par terre) floor tile; (au mur) wall tile; (sol) tiled floor. **rester sur le** ~* (bagarre) to be laid out cold*; (examen) to fail. (b) (vitre) window pane. (c) (sur du papier) square; à ~x checked. (d) (cartes) diamond. **se tenir à** ~* to keep one's nose clean*.

carrefour [karfur] nm crossroads; (fig : jonc-tion) junction, meeting point.

carrelage [karlaʒ] nm (action) tiling; (sol) tiled floor.

carreler [karle] (4) vt to tile. ◆ **carreleur** nm tiler.

carrelet [karlɛ] nm (poisson) plaice; (filet) square fishing net.

carrément [karemã] adv (directement) straight; (complètement) completely. **vas-y** ~ go right ahead.

carrière [karjɛr] nf (a) (sable) sandpit; (roches etc) quarry. (b) (profession) career. **faire** ~ **dans la banque** (gén) to make banking one's career; (réussir) to make a good career for o.s. in banking.

carriole [karjɔl] nf (péj) cart.

carrossable [karɔsabl(ə)] adj suitable for motor vehicles.

carrosse [karɔs] nm horse-drawn coach.

carrosserie [karɔsri] nf body, coachwork.

carrure [karyr] nf (personne) build; (vêtement) size; (fig) calibre, stature. **de forte** ~ well-built.

cartable [kartabl(ə)] nm (school)bag; (à bre-telles) satchel.

carte [kart(ə)] nf (gén) card; (Rail) season ticket; (Géog) map; (Astron, Mét, Naut) chart; (au restaurant) menu. ~ **de crédit** credit card; ~ **grise** logbook; ~ **à jouer** playing card; ~ **de lecteur** library ticket; ~ **postale** postcard; ~ **des vins** wine list; ~ **routière** roadmap; ~ **de visite** visiting card; **avoir** ~ **blanche** to have carte blanche ou a free hand; **repas à la** ~ à la carte meal.

cartilage [kartilaʒ] nm (Anat) cartilage; (viande) gristle.

carton [kaʀtɔ̃] *nm* (*matière*) cardboard; (*morceau*) piece of cardboard; (*boîte*) (cardboard) box, carton; (*cartable*) schoolbag; (*dossier*) file; (*cible*) target. **faire un ~** (*à la fête*) to have a go at the rifle range; (*: sur l'ennemi*) to take a go at a potshot* (*sur* at); **~ à chapeau** hatbox; **~ à dessin** portfolio; **~ pâte** pasteboard.

cartouche [kaʀtuʃ] *nf* cartridge; (*cigarettes*) carton.

cas [ka] *nm* (*gén*) case. **il s'est mis dans un mauvais ~** he's got himself into a tricky situation; **faire grand ~ de** to set great store by; **il ne fait jamais aucun ~ de nos observations** he never takes any notice of our comments; **c'est bien le ~ de le dire!** you've said it!; **au ~ où il pleuvrait** in case it rains; **en ce ~** in that case; **en ~ de**, **le ~ échéant** if need be; **en ~ de besoin**, **le ~ échéant** if need be; **en ~ d'urgence** in an emergency; **en aucun ~** on no account, under no circumstances; **en tout ~** in any case; **il a un ~ de conscience** he's in a moral dilemma.

casanier, -ière [kazanje, jɛʀ] *adj, nmf* stay-at-home.

casaque [kazak] *nf* (*jockey*) blouse.

cascade [kaskad] *nf* waterfall; (*mots etc*) stream, torrent.

case [kaz] *nf* (*carré*) square; (*tiroir*) compartment; (*hutte*) hut, cabin. **il a une ~ vide*** he has a screw loose*.

caser* [kaze] (1) *vt* (*placer*) to put; (*loger*) to put up; (*marier*) to find a husband (*ou* wife) for; (*dans un métier*) to find a job for.

caserne [kazɛʀn(ə)] *nf* barracks (*gén sg*). **~ de pompiers** fire station.

cash* [ka]] *adv* : **payer ~** to pay cash down.

casier [kazje] *nm* (*gén*) compartment; (*fermant à clef*) locker; (*pour courrier*) pigeonhole; (*Pêche*) lobster pot. **~ à bouteilles** bottle rack; **~ judiciaire** police record.

casino [kazino] *nm* casino.

casque [kask(ə)] *nm* (*gén*) helmet; (*motocycliste etc*) crash helmet; (*sèche-cheveux*) hairdrier. **~ à écouteurs** headphones, headset (US); **les C~s bleus** the U.N. peace-keeping troops. ◆ **casqué, e** *adj* wearing a helmet.

casquer* [kaske] (1) *vi* (*payer*) to fork out*.

casquette [kaskɛt] *nf* cap.

cassable [kasabl(ə)] *adj* breakable.

cassant, e [kasɑ̃, ɑ̃t] *adj* (*substance*) brittle; (*ton*) brusque, abrupt. **ce n'est pas ~*** it's not exactly tiring work.

cassation [kasasjɔ̃] *nf* (*Jur*) cassation.

casse [kas] *nf* (*action*) breakage; (*objets cassés*) breakages. **il va y avoir de la ~*** there's going to be some rough stuff*. **mettre à la ~** to scrap.

casse-croûte [kaskʀut] *nm inv* snack, lunch (US).

casse-noisettes [kasnwazɛt] *nm inv* **ou casse-noix** [kasnwa] *nm inv* nutcrackers.

casse-pieds* [kaspje] *nmf inv* (*importun*) nuisance; (*ennuyeux*) bore.

casser [kase] (1) — **1** *vt* (*gén*) to break; (*noix*) to crack; (*branche*) to snap; (*jugement*) to quash. **~ les prix** to slash prices; **~ la croûte*** to have a bite to eat; **la figure à qn*** to punch sb in the face*; **~ les pieds à qn***

(*fatiguer*) to bore sb stiff; (*irriter*) to get on sb's nerves; **~ sa pipe*** to snuff it; **ça ne casse rien*** it's nothing special; **à tout ~*** (*extraordinaire*) fantastic*; (*tout au plus*) at the most. — **2** *vi* (*gén*) to break; (*branche*) to snap. — **3 se casser** *vpr* to break. **se ~ une jambe** to break a leg; (*lit, fig*) **se ~ la figure*** to come a cropper*; **se ~ le nez** to find no one in; **il ne s'est pas cassé la tête*** he didn't overtax himself.

casse-tête [kaset] *nm inv* (*problème*) headache; (*jeu*) brain teaser.

casserole [kasʀɔl] *nf* saucepan.

cassette [kasɛt] *nf* (*coffret*) casket; (*magnétophone*) cassette.

cassis [kasis] *nm* (*fruit*) blackcurrant.

cassure [kasyʀ] *nf* (*gén*) break; (*fissure*) crack.

castagnettes [kastaɲɛt] *nfpl* castanets.

caste [kast] *nf* caste.

castor [kastoʀ] *nm* beaver.

castration [kastʀasjɔ̃] *nf* (*gén*) castration; (*chat*) neutering.

castrer [kastʀe] (1) *vt* (*gén*) to castrate; (*chat*) to neuter.

cataclysme [kataklism(ə)] *nm* cataclysm.

catacombes [katakɔ̃b(ə)] *nfpl* catacombs.

catalogue [katalɔg] *nm* catalogue.

cataplasme [kataplasm(ə)] *nm* poultice.

catapulte [katapylt(ə)] *nf* catapult. ◆ **catapulter** (1) *vt* to catapult.

cataracte [kataʀakt(ə)] *nf* (*gén, Méd*) cataract.

catastrophe [katastʀɔf] *nf* disaster, catastrophe. **en ~** (*partir*) in a mad rush; **atterrir en ~** to make an emergency landing. ◆ **catastropher*** (1) *vt* to shatter, stun. ◆ **catastrophique** *adj* disastrous, catastrophic.

catch [katʃ] *nm* all-in wrestling. ◆ **catcheur, -euse** *nmf* all-in wrestler.

catéchisme [kateʃism(ə)] *nm* catechism.

catégorie [kategɔʀi] *nf* (*gén*) category; (*Boxe, Hôtellerie*) class; (*personnel*) grade. ◆ **catégorique** *adj* (*gén*) categorical; (*refus*) flat. ◆ **catégoriquement** *adv* categorically; flatly.

cathédrale [katedʀal] *nf* cathedral.

catholicisme [katɔlisism(ə)] *nm* Roman Catholicism. ◆ **catholique** — **1** *adj* Roman Catholic. **pas très ~*** fishy*, shady. — **2** *nmf* Roman Catholic.

catimini [katimini] *adv* : **en ~** on the sly.

cauchemar [koʃmaʀ] *nm* nightmare. ◆ **cauchemardesque** *adj* nightmarish.

causant, e [kozɑ̃, ɑ̃t] *adj* talkative, chatty.

cause [koz] *nf* **(a)** (*raison*) cause (*de* of). **la chaleur en est la ~** it is caused by the heat. **(b)** (*Jur*) case. **plaider sa ~** to plead one's case. **(c)** (*parti*) cause. **faire ~ commune avec qn** to take sides with sb. **(d)** **à ~ de** because of; **être en ~** (*personne, intérêts etc*) to be involved; **son honnêteté n'est pas en ~** his honesty is not in question; (*personne*) to implicate; **mettre qn en ~** (*projet*) to call into question; **hors de ~** to clear sb; **pour ~ de** on account of; **et pour ~!** and for (a very) good reason!

causer¹ [koze] (1) *vt* (*provoquer*) to cause; (*entraîner*) to bring about.

causer² [koze] (1) *vi* (*se parler*) to chat, talk; (*: faire un discours*) to speak, talk (*sur, de* about). **~ politique** to talk politics; **~ à qn*** to speak *ou* talk to sb. ◆ **causerie** *nf* (*conférence*) talk; (*conversation*) chat. ◆ **causette**

nf : **faire la ~** to have a chat *ou* natter* *(avec with)*.

cautériser [kɔteʀize] (1) *vt* to cauterize.

caution [kosjɔ̃] *nf* (*Fin*) guarantee, security; *(morale)* guarantee; *(appui)* backing, support. **libéré sous ~** released on bail.

cavalcade [kavalkad] *nf* (*désordonnée*) stampede; *(défilé)* cavalcade.

cavaler* [kavale] (1) *vi (courir)* to run.

cavalerie [kavalʀi] *nf* cavalry.

cavalier, -ière [kavalje, jɛʀ] — **1** *adj (impertinent)* offhand. **allée -ière** bridle path. — **2** *nmf* *(Équitation)* rider; *(bal)* partner, cavalryman; *(accompagnateur)* escort; *(Échecs)* knight. — **3** *nm* (*Mil*) trooper, cavalryman. ♦ **cavalièrement** *adv* offhand.

cave [kav] *nf* cellar. ♦ **caveau**, *pl* **~x** *nm* *(sépulture)* vault, tomb; *(cave)* small cellar.

caverne [kavɛʀn(ə)] *nf* cave, cavern.

caviar [kavjaʀ] *nm* caviar.

cavité [kavite] *nf* cavity.

ce¹ [sə], **cet**, **cet** *[set] devant voyelle ou h muet au masculin*, **cette** *[set] f*, **ces** [se] *pl* *adj* *dém (proximité)* this; *(pl)* these; *(non-proximité)* that; *(pl)* those. **cette nuit** this; that; last night, **en ces temps troublés** *(de nos jours)* in these troubled days, *(passée)* last night, **en ces temps troublés** *(dans le passé)* in those troubled days; **un de ces jours** one of these days; **ces messieurs sont en réunion** the gentlemen are in a meeting; **cette idée!** what an idea! — **2** *pron dém* **(a) qui est-ce? - c'est un médecin** who's he? *ou* who's that? - he is a doctor; **qui a crié?** *ou* who shouted? - he did *ou* it was him; **ce sont eux qui mentaient** they are the ones who *ou* it's they who were lying; **c'est toi qui le dis!** that's what you say!; **c'est dire s'il a eu peur** that shows how frightened he was; **ce faisant** in so doing; **pour ce faire** with this end in view. **(b) ce qui, ce que** what; *(reprenant une proposition)* which, **elle fait ce qu'on lui dit** she does as she is told; **il faut être diplômé, ce qu'il n'est pas** you have to have qualifications, which he hasn't; **ce que ce film est lent!** how slow this film is!, **what a slow film this is!**

ceci [səsi] *pron dém* this. **à ~ près que** except that.

cécité [sesite] *nf* blindness.

céder [sede] (6) — **1** *vt* to give up. **~ qch à qn** to let sb have sth; **~ le pas à qn** to give precedence to sb. **(fig)** to make concessions; to recede. — **2** *vi (personne)* to give in (à to); *(branche)* to give way.

cédille [sedij] *nf* cedilla.

cèdre [sɛdʀ(ə)] *nm* cedar.

ceinture [sɛ̃tyʀ] *nf* **(e)** *(gén)* belt; *(pyjamas)* cord; *(écharpe)* sash; *(gaine)* girdle. **se mettre la ~*** to tighten one's belt; **~ de sauvetage** life belt; **~ de sécurité** seat belt; **(b)** *(taille) (Cou-ture)* waistband; *(Anat)* waist. **l'eau lui arrivait à la ~** he was waist-deep in water *ou* up to his waist in water. **(c)** *(murailles)* ring; *(arbres)* belt; *(métro, bus)* circle line. ♦ **ceinturer** (1) *vt (personne)* to seize round the waist; *(ville)* to surround. ♦ **ceinturon** *nm* belt.

cela [s(ə)la] *pron dém* that; *(sujet apparent)* it. **qu'est-ce que ~ veut dire?** what does that *ou*

this mean?; **~ fait 10 jours qu'il est parti** it is 10 days since he left; **quand ~?** when was that?; **voyez-vous ~!** did you ever hear of such a thing!; **~ près que** except that; **il y a ~ de bien que** the one good thing is that.

célébration [selebʀasjɔ̃] *nf* celebration.

célèbre [selɛbʀ(ə)] *adj* famous *(par* for*)*.

célébrer [selebʀe] (6) *vt (gén)* to celebrate; *(cérémonie)* to hold.

célébrité [selebʀite] *nf (renommée)* fame; *(personne)* celebrity.

céleri [sɛlʀi] *nm* : **~ en branche(s)** celery; **~ rave** celeriac.

célérité [seleʀite] *nf* promptness, swiftness.

céleste [selɛst(ə)] *adj* heavenly.

célibat [seliba] *nm (homme)* bachelorhood; *(femme)* spinsterhood; *(prêtre)* celibacy. ♦ **célibataire** — **1** *adj* single, unmarried. — **2** *nm* bachelor; *(Admin)* single man. — **3** *nf* single *ou* unmarried woman.

celle [sɛl] *pron dém* V **celui.**

cellier [selje] *nm* storeroom *(for wine and food)*.

cellophane [selɔfan] *nf* ® cellophane ®.

cellule [selyl] *nf* cell. ♦ **cellulite** [selylit] *nf* cellulitis. ♦ **celluloïd** [selylɔid] *nm* celluloid. ♦ **cellulose** [selyloz] *nf* cellulose.

celui [sɛlɥi], **celle** [sɛl], *mpl* **ceux** [sø], *fpl* **celles** [sɛl] *pron dém* : **celui-ci, celle-ci** this one; **ceux-ci, celles-ci** these; **celui-là, celle-là** that one; **ceux-là, celles-là** those; **celui de** : **son frère, celui-ci ne répondit pas** she wrote to her brother, but he did not answer; **elle est bien bonne, celle-là!** that's a bit much!; **ses romans sont ceux qui se vendent le mieux** his novels are the ones that sell best; **celui dont je t'ai parlé** the one I told you about.

cendre [sɑ̃dʀ(ə)] *nf (gén)* ash; *(braises)* embers. ♦ **cendré, e** — **1** *adj* ash. — **2** *nf (piste)* *(poêle)* ash pan. ♦ **cendrier** *nm (fumeur)* ashtray; *(Ciné, Presse)* to censor. ♦ **censure** (1) *vt* **cinder track.**

Cendrillon [sɑ̃dʀijɔ̃] *nf (lit,fig)* Cinderella.

censé, e [sɑ̃se] *adj* : **être ~ faire qch** to be supposed to do sth.

censeur [sɑ̃sœʀ] *nm (Hist, Presse)* censor; *(fig)* critic; *(Scol)* ≃ deputy *ou* assistant head.

censure [sɑ̃syʀ] *nf (examen)* censorship; *(censeurs)* board of censors. ♦ **censurer** (1) *vt (Ciné, Presse)* to censor; *(fig, Pol)* to censure.

cent [sɑ̃] — **1** *adj* **(a)** one *ou* a hundred; **quatre ~ treize** four hundred and thirteen; **deux ~s chaises** two hundred chairs; *(ordinal : inv)* **page quatre ~** page four hundred. **(b)** **il a ~ fois raison** he's absolutely right; **il est aux ~ coups** he is frantic; **faire les ~ pas** to pace up and down; **tu ne vas pas attendre ~ sept ans*** you can't wait for ever. — **2** *nm* **(a)** a hundred; **pour ~ a** hundred per cent; **pour autres locutions** V **six. (b)** *(monnaie)* cent.

centaine [sɑ̃tɛn] *nf* hundred; *(environ cent)* **une ~ de** about a hundred; **des ~s de** several hundred; des **~s de hundreds of;** V **soixan-taine.**

centenaire [sɑ̃tnɛʀ] — **1** *adj* : **c'est ~** it is a hundred years old. — **2** *nmf (personne)* centenarian. — **3** *nm (anniversaire)* centenary.

centième [sɑ̃tjɛm] *adj, nmf* hundredth; *pour loc V* **sixième.**

centigrade [sɑ̃tigrad] *adj* centigrade. ◆ **centigramme** *nm* centigramme. ◆ **centilitre** *nm* centilitre. ◆ **centime** *nm* centime. ◆ **centimètre** *nm* centimetre; *(ruban)* tape measure.

central, e, mpl -aux [sɑ̃tral, o] — 1 *adj* (gén) central; *(partie)* centre; *(bureau)* main. — 2 *nm* : ~ **téléphonique** telephone exchange. — 3 *nf (prison)* central prison. ◆ **électrique** power station; ~ **syndicale** trade union.

centraliser [sɑ̃tralize] (1) *vt* to centralize.

centre [sɑ̃tr(ə)] *nm* (gén) centre. ~-**ville** town city centre; ~ **commercial** shopping centre; ~ **hospitalier** hospital complex; ◆ **de tri** sorting office.

centrer [sɑ̃tre] (1) *vt* (Sport, Tech) to centre.

centuple [sɑ̃typl(ə)] *nm* : le ~ de 10 a hundred times 10; au ~ a hundredfold.

cep [sɛp] *nm* : ~ **de vigne** vine stock. ◆ **cépage** *nm* vine.

cependant [s(ə)pɑ̃dɑ̃] *conj* (a) *(pourtant)* nevertheless, however. et ~ c'est vrai yet ou it's true. (b) *(pendant ce temps)* meanwhile. ~ **que** while.

céramique [seramik] *nf* ceramic. *(art)* la ~ ceramics; vase en ~ ceramic vase.

cerceau, pl ~x [sɛrso] *nm* hoop.

cercle [sɛrkl(ə)] *nm* (gén) circle; *(club)* club. faire ~ autour de qn to make a circle ou ring round sb; ~ vicieux vicious circle.

cercueil [sɛrkœj] *nm* coffin, casket (US).

céréale [sereal] *nf* cereal.

cérébral, e, mpl -aux [serebral, o] *adj* (Méd) cerebral; *(travail)* mental.

cérémonial, pl ~s [seremɔnjal] *nm* ceremonial.

cérémonie [seremɔni] *nf* ceremony. sans ~ *(manger)* informally; *(réception)* informal; habits de ~ formal dress. ◆ **cérémonieux, -euse** *adj* ceremonious, formal.

cerf [sɛr] *nm* stag. ◆ **cerf-volant, pl ~s-~s** *nm* kite.

cerfeuil [sɛrfœj] *nm* chervil.

cerise [s(ə)riz] *nf* cherry. ◆ **cerisier** *nm* cherry tree.

cerner [sɛrne] (1) *vt (ennemi)* to surround; *(problème)* to delimit, define. avoir les yeux cernés to have dark rings under one's eyes.

certain, e [sɛrtɛ̃, ɛn] — 1 *adj* (a) *(après n : incontestable)* (gén) certain; *(preuve)* positive, definite. c'est ~ there's no doubt about it, that's quite certain. (b) *(convaincu)* sure, certain *(de qch of sth).* — 2 *adj indéf)* certain. un ~ M. X a certain Mr. X; dans un ~ sens in a way; dans ~s cas in some ou certain cases; c'est à une ~e distance d'ici it's some distance from here. — 3 *pron indéf pl* : ~s *(personnes)* some people; *(choses)* some. ◆ **certainement** *adv* certainly. ◆ **certes** *adv* certainly.

certificat [sɛrtifika] *nm* certificate.

certifier [sɛrtifje] (7) *vt* : ~ **qch à qn** to assure sb of sth; copie certifiée conforme certified copy.

certitude [sɛrtityd] *nf* certainty. j'ai la ~ d'être le plus fort I am certain ou sure of being the strongest.

cerveau, pl ~x [sɛrvo] *nm* brain. le ~ de la bande the brains of the gang.

cervelle [sɛrvɛl] *nf* (Anat) brain; (Culin) brains; *(tête)* head.

ces [se] *adj dém V* **ce.**

césarienne [sezarjɛn] *nf* Caesarean section.

cesse [sɛs] *nf* : sans ~ continuously; il n'a de ~ que he won't rest until.

cesser [sese] (1) — 1 *vt* (gén) to stop; *(relations)* to break off; *(fabrication)* to discontinue. — 2 **cesser de** *vi indir* : ~ **de faire qch** (gén) to stop doing sth; *(renoncer)* to give up doing sth; ça a cessé d'exister it has ceased to exist; il ne cesse de dire que he keeps on saying that. — 3 *vi* to stop, cease; *(fièvre)* to die down. faire ~ to put a stop to. ◆ **cessez-le-feu** *nm inv* ceasefire.

cession [sɛsjɔ̃] *nf* transfer.

c'est-à-dire [sɛtadir] *conj* that is to say. ~ **que** *(conséquence)* which means that; *(excuse)* the thing is that.

cet [sɛt] *adj dém V* **ce.**

ceux [sø] *adj dém V* **celui.**

chacal, pl ~s [ʃakal] *nm* jackal.

chacun, e [ʃakœ̃, yn] *pron indéf (isolément)* each one; *(tous)* each, every one. ~ de each ou every one of; ~ son tour! each in turn!; ~ son goût every man to his own taste.

chagrin [ʃagrɛ̃] *nm* grief, sorrow. faire du ~ à qn to upset ou distress sb; avoir du ~ to be sorry ou upset. ◆ **chagriner** (1) *vt (désoler)* to distress, upset; *(tracasser)* to worry, bother.

chahut [ʃay] *nm* uproar. ◆ **chahuter** (1) — 1 *vi (faire du bruit)* to make an uproar; *(faire les fous)* to romp. — 2 *vt (professeur)* to rag, play up. ◆ **chahuteur, -euse** *adj nm,f* rowdy.

chai [ʃɛ] *nm* wine and spirits store.

chaîne [ʃɛn] *nf* (gén) chain; *(montagnes)* range; *(magasins)* string, chain; *(TV, Rad)* channel. ~ **hi-fi** hi-fi system; ~ **de montage** assembly line; ~ **de fabrication** production line; **produire à la** ~ to mass-produce. ◆ **chaînette** *nf* small chain. ◆ **chaînon** *nm (lit, fig)* link; *(montagnes)* secondary range.

chair [ʃɛr] *nf* flesh. en ~ et en os in the flesh; *(couleur)* ~ flesh-coloured; donner la ~ de poule to give gooseflesh ou goosebumps (US); ~ à saucisse sausage meat; *(fig)* je vais en faire de la ~ à pâté I'm going to make mincemeat of him; bien en ~ plump.

chaire [ʃɛr] *nf (prédicateur)* pulpit; *(pape)* throne; *(professeur) (estrade)* rostrum; *(poste)* chair.

chaise [ʃɛz] *nf* chair. ~ **de bébé** highchair; ~ **électrique** electric chair; ~ **longue** deckchair.

châle [ʃɑl] *nm* shawl.

chalet [ʃalɛ] *nm* chalet.

chaleur [ʃalœr] *nf* (a) *(gén, Phys)* heat; *(agréable)* warmth. (b) *(discussion)* heat; *(accueil)* warmth; *(convictions)* fervour. **défendre avec** ~ to defend hotly. (c) *(Zool)* **être en** ~ to be in heat; *(Méd)* **avoir des** ~s to have hot flushes. ◆ **chaleureusement** *adv* warmly. ◆ **chaleureux, -euse** *adj* warm.

chaloupe [ʃalup] *nf* launch.

chalumeau, pl ~x [ʃalymo] *nm* blowlamp, blowtorch (US).

chalut [ʃaly] *nm* trawl net. ◆ **chalutier** *nm (bateau)* trawler.

chamailler (se) [ʃamaje] (1) *vpr* to squabble.

chamarré, e [ʃamare] *adj* richly coloured.

chamboulement* [ʃɑ̃bulmɑ̃] *nm* chaos. ◆ **chambouler*** (1) *vt* to mess up*.

chambre [ʃɑ̃br(ə)] *nf* (**a**) bedroom, room; (*pièce*) room; **faire** sa **à** spare room; to sleep in separate rooms; **à coucher** bedroom; **forte** strongroom; (*mobilier*) bedroom suite; **d'amis** bedroom; **froide** cold room; (**b**) (*Pol*) House, Chamber; (*tribunal*) court; (*Admin, groupement*) chamber. **la C~ de commerce** Chamber of Commerce; **la C~ des communes** the House of Commons; **la C~ des députés** the Chamber of Deputies; **la C~ des lords** the House of Lords. (**c**) (*Anat, Tech*) chamber. **à air** inner tube.

chameau, pl ~x [ʃamo] *nm* (*Zool*) camel.

chamois [ʃamwa] *nm* chamois.

champ [ʃɑ̃] *nm* field. (*Phot*) **être dans le ~** to be in shot; **laisser le ~ libre à qn** to leave sb a clear field; **~ d'action** sphere of activity; **~ d'aviation** airfield; (*fig*) **de bataille** battlefield; **~ de courses** racecourse; **~ de foire** fairground; **~ de tir** (*terrain*) rifle range; (*visée*) field of fire. ◆ **champêtre** *adj* (*gén*) rural; (*vie*) country.

champignon [ʃɑ̃piɲɔ̃] *nm* (*gén*) mushroom; (*vénéneux*) toadstool; (*aut*) accelerator.

champion, -onne [ʃɑ̃pjɔ̃, ɔn] *nmf* champion. ◆ **championnat** *nm* championship.

chance [ʃɑ̃s] *nf* (**a**) (*bonne fortune*) (good) luck, good fortune. **avoir la ~ de faire qc** to be lucky enough to do; **par ~** luckily, fortunately; **pas de ~!** hard ou bad luck! (**b**) (*hasard*) luck, chance. **tenter sa ~** to try one's luck; **mettre toutes les ~s de son côté** to take no chances. (**c**) (*possibilité*) chance. **il y a toutes les ~s que** the chances are that.

chancelant, e [ʃɑ̃slɑ̃, ɑ̃t] *adj* (*pas*) unsteady, faltering; (*santé, autorité*) shaky. ◆ **chanceler** [ʃɑ̃sle] (4) *vi* (*gén*) to totter; (*résolution*) to waver, falter.

chancelier [ʃɑ̃səlje] *nm* chancellor; (*ambassade*) secretary. **le C~ de l'Echiquier** the Chancellor of the Exchequer. ◆ **chancellerie** *nf* chancellery.

chanceux, -euse [ʃɑ̃sø, øz] *adj* lucky, fortunate.

chandail [ʃɑ̃daj] *nm* thick jersey ou sweater.

chandelier [ʃɑ̃dəlje] *nm* candlestick; (*à plusieurs branches*) candelabra.

chandelle [ʃɑ̃dɛl] *nf* candle. **dîner aux ~s** dinner by candlelight.

change [ʃɑ̃ʒ] *nm* (*devises*) exchange; (*taux*) exchange rate. (*fig*) **gagner au ~** to gain on the exchange ou deal; **donner le ~ à qn** to throw sb off the scent.

changeant, e [ʃɑ̃ʒɑ̃, ɑ̃t] *adj* changeable; (*paysage*) changing.

changement [ʃɑ̃ʒmɑ̃] *nm* (*gén*) change (*de* in, of); (*transformation*) alteration; (*Admin : mutation*) transfer. **le ~ de la roue** changing the wheel; **la situation reste sans ~** the situation remains unchanged; **~ en bien** change for the better; **~ de direction** (*sens*) change of direction; (*dirigeants*) change of management; **~ de vitesse** (*dispositif*) gears, gear lever.

changer [ʃɑ̃ʒe] (3) — **1** *vt* (**a**) (*modifier*) to change, alter; **ce chapeau la change** this hat makes her look different; **cela ne change rien** it makes no difference; (**b**) (*remplacer*) to change; **~ qch de place** to move sth; **~ qn de** to move sb to a different place. — **2 changer de** *vi indir* to change. **~ de domicile** to move house; **~ d'avis** to change one's mind; **change de disque!*** put another record on!*; **~ de train** to change trains; **~ de position** to alter ou change one's position; **changeons de sujet** let's change the subject; **~ de place avec qn** to change places with sb. — **3** *vi* (*se transformer*) to change, alter; (*train*) **il faut ~ à** to change for the worse; **~ en mal** to change for the worse; **ça change!** it makes a change (*de* from). — **4 se changer** *vpr* to change one's clothes.

changeur [ʃɑ̃ʒœʀ] *nm* moneychanger. **~ de monnaie** change machine.

chanson [ʃɑ̃sɔ̃] *nf* song. **c'est toujours la même ~** it's always the same old story; **~ folklorique** folk-song.

chant [ʃɑ̃] *nm* (*action, art*) singing; (*chanson*) song; (*chapitre*) canto. **le ~ de l'oiseau** the song of the bird; **au ~ du coq** at cockcrow; **~ de Noël** Christmas carol; **~ religieux** hymn.

chantage [ʃɑ̃taʒ] *nm* blackmail.

chanter [ʃɑ̃te] (1) — **1** *vt* to sing. **qu'est-ce qu'il nous chante là?*** what's this he's telling us? — **2** *vi* (*gén*) to sing; (*coq*) to crow; (*poule*) to cackle; (*ruisseau*) to babble. **c'est comme si on chantait*** it's a waste of breath; (*par chantage*) **faire ~ qn** to blackmail sb; **si ça te chante*** if it appeals to you, if you fancy it. ◆ **chanteur, -euse** *nm,f* singer.

chantier [ʃɑ̃tje] *nm* (*Constr*) building site; (*route*) roadworks; (*entrepôt*) depot, yard. **quel ~ dans ta chambre!*** what a shambles* ou mess in your room!; **mettre qch en ~** to start work on sth; **~ de démolition** demolition site; **~ naval** shipyard.

chanvre [ʃɑ̃vr(ə)] *nm* hemp.

chaos [kao] *nm* chaos. ◆ **chaotique** *adj* chaotic.

chaparder* [ʃaparde] (1) *vti* to pilfer (*à* from).

chapeau, pl ~x [ʃapo] *nm* (*gén*) hat; (*champignon*) cap. **tirer son ~ à qn*** to take off one's hat to sb*; **~!*** well done!; **sur les ~x de roues*** at top speed; **~ haut-de-forme** top hat; **~ melon** bowler hat; **~ mou** trilby, fedora (*US*). ◆ **chapeauter** (1) *vt* to head, oversee.

chapelain [ʃaplɛ̃] *nm* chaplain.

chapelet [ʃaplɛ] *nm* (*Rel*) rosary. (*fig*) **~ de** string of.

chapelle [ʃapɛl] *nf* chapel. **~ ardente** chapel of rest.

chapelure [ʃaplyʀ] *nf* dried bread-crumbs.

chapiteau, pl ~x [ʃapito] *nm* (*colonne*) capital; (*cirque*) big top.

chapitre [ʃapitr(ə)] *nm* (*livre*) chapter; (*budget*) section, item; (*Rel*) chapter. **sur ce** on that subject ou score.

chaque [ʃak] *adj* every, each. **10 F = 10 francs** each ou apiece; **à ~ instant** every other second.

au fait que it doesn't alter the fact that; **~ qch en** to change ou turn sth into; **cela les changera de leur routine** it will make a change for them from their routine. (**b**) (*remplacer*) to change; (*échanger*) to exchange (*contre* for), (**c**) (*déplacer*) to move. **~ qch de place** to move sth to a different place.

char [ʃar] *nm* (*Mil*) tank; (*carnaval*) float; (*Antiq*) chariot.

charabia* [ʃarabja] *nm* gibberish, gobbledygook*.

charbon [ʃarbɔ̃] *nm* coal; (*arc électrique*) carbon. ~ **de bois** charcoal; **être sur des ~s ardents** to be like a cat on hot bricks.

charcuterie [ʃarkytri] *nf* (*magasin*) pork butcher's shop and delicatessen; (*produits*) cooked pork meats. ◆ **charcutier, -ière** *nmf* pork butcher; (*traiteur*) delicatessen dealer; (*fig*) butcher*.

chardon [ʃardɔ̃] *nm* thistle.

chardonneret [ʃardɔnrɛ] *nm* goldfinch.

charge [ʃarʒ(ə)] *nf* (a) (*lit, fig : fardeau*) burden; (*véhicule*) load. (b) (*responsabilité*) responsibility; (*poste*) office. (c) (*dépenses*) expenses, costs; (*locataire*) maintenance charges; ~**s sociales** social security contributions. (d) (*Mil, Jur*) charge. (e) (*fusil, batterie*) (*action*) charging; (*quantité*) charge. **mettre une batterie en ~** to put a battery on charge. (f) **être à la ~ de qn** (*frais*) to be payable by sb; (*personne*) to be dependent upon sb; **enfants à ~** dependent children; **avoir la ~ de faire qch** to be responsible for doing sth; **prendre en ~** to take care of; **j'accepte, à ~ de revanche** I agree, on condition that I can do the same in return.

chargé, e [ʃarʒe] — 1 *adj* (*gén*) loaded; (*estomac*) overloaded; (*programme*) full. ~ **d'honneurs** laden with honours; ~ **de menaces** full of threats; ~ **d'une mission** in charge of a mission; **avoir la langue ~e** to have a coated tongue. — 2 : ~ **d'affaires** *nm* chargé d'affaires; ~ **de mission** *nm* official representative.

chargement [ʃarʒəmɑ̃] *nm* (*action*) loading; (*marchandises : gén*) load; (*navire*) freight, cargo.

charger [ʃarʒe] (3) — 1 *vt* (*gén*) to load; (*Mil : attaquer*) to charge; (*Élec*) to charge. ~ **qn de** (*paquets*) to load sb up with; (*impôts*) ~ **qn de** to burden sb with; (*taxi*) ~ **un client** to pick up a passenger; (*responsabilité*) ~ **qn de qch** to put sb in charge of sth; ~ **qn de faire** to ask *ou* instruct sb to do. — 2 **se charger** *vpr* : **se ~ de** to see to, take care of; **se ~ de faire** to undertake to do; **je me charge de lui** I'll take charge *ou* care of him.

chariot [ʃarjo] *nm* (*charrette*) (*petit*) cart; (*à roulettes*) trolley; (*de manutention*) truck; (*machine à écrire*) carriage.

charitable [ʃaritabl(ə)] *adj* (*gén*) charitable (*envers* towards).

charité [ʃarite] *nf* charity. **demander la ~** to beg for charity; **bien ordonnée commence par soi-même** charity begins at home; **vente de ~** sale of work.

charivari* [ʃarivari] *nm* hullabaloo*.

charmant, e [ʃarmɑ̃, ɑ̃t] *adj* charming, delightful.

charme [ʃarm(ə)] *nm* (*attrait*) charm, appeal; (*envoûtement*) spell. **le ~ de la nouveauté** the attraction of novelty; **tenir qn sous le ~ (de)** to hold sb spellbound (with); **faire du ~ à qn** to make eyes at sb; **se porter comme un ~** to feel as fit as a fiddle. ◆ **charmer** (1) *vt* to charm, delight. **être charmé de faire** to be delighted to do. ◆ **charmeur, -euse** — 1 *adj* winning, engaging. — 2 *nmf* charmer. ~ **de serpent** snake charmer.

charnière [ʃarnjɛr] *nf* hinge.

charnu, e [ʃarny] *adj* fleshy.

charpente [ʃarpɑ̃t] *nf* (*gén*) framework; (*carrure*) build. ◆ **charpentier** *nm* carpenter; (*Naut*) shipwright.

charpie [ʃarpi] *nf* : **mettre en ~** to tear to shreds.

charretier [ʃartje] *nm* carter.

charrette [ʃarɛt] *nf* cart. ~ **à bras** handcart, barrow.

charrier [ʃarje] (7) — 1 *vt* (*gén*) to carry; (*avec brouette*) to cart along; (*sur le dos*) to carry along. — 2 *vi* (**) (*abuser*) to go too far. *plaisanter*) **tu charries** you must be joking.

charrue [ʃary] *nf* plough, plow (*US*). **mettre la ~ avant les bœufs** to put the cart before the horse.

charte [ʃart(ə)] *nf* charter.

charter [ʃartɛr] *nm* (*vol*) charter flight; (*avion*) chartered plane.

chasse [ʃas] *nf* (a) (*gén*) hunting; (*au fusil*) shooting. **aller à la ~ aux papillons** to go butterfly-hunting; ~ **à courre** stag-hunting; ~ **sous-marine** underwater fishing. (b) (*période*) hunting *ou* shooting season; (*terrain*) hunting ground. **faire une bonne ~** to get a good bag; ~ **gardée** private hunting ground. (c) **la ~** (*chasseurs*) the hunt; (*Aviat*) the fighters. (d) (*poursuite*) **faire la ~ à qch** to hunt sth down; ~ **à l'homme** manhunt; **donner la ~** to give chase (**à** to); **se mettre en ~ pour trouver qch** to go hunting for sth. (e) ~ **d'eau** toilet flush; **tirer la ~ (d'eau)** to flush the toilet.

chasse-neige [ʃasnɛʒ] *nm inv* snowplough.

chasser [ʃase] (1) — 1 *vt* (a) (*gén*) to hunt; (*au fusil*) to shoot. ~ **le faisan** to go pheasant-shooting. (b) (*importun, odeur, idée*) to drive *ou* chase away. (c) (*clou*) (*clou*) to drive in. — 2 *vi* (a) (*gén*) to go hunting; (*au fusil*) to go shooting. (b) (*véhicule*) to skid.

chasseur [ʃasœr] *nm* hunter, huntsman; (*soldat*) chasseur; (*avion*) fighter; (*hôtel*) page boy.

châssis [ʃasi] *nm* (*véhicule*) chassis; (*Agr*) cold frame.

chaste [ʃast(ə)] *adj* chaste; (*oreilles*) innocent. ◆ **chasteté** [ʃastəte] *nf* chastity.

chat [ʃa] *nm* (*gén*) cat; (*mâle*) tomcat. **petit ~** kitten; **mon petit ~*** pet*, love; **jouer à ~** to play tig; (**c'est toi le) ~!** you're it! *ou* he!; **il n'y avait pas un ~ dehors** there wasn't a soul outside; **avoir un ~ dans la gorge** to have a frog in one's throat; ◆ **échaudé craint l'eau froide** once bitten, twice shy.

châtaigne [ʃatɛɲ] *nf* (*fruit*) chestnut; (* : *coup*) clout, biff*. ◆ **châtaignier** [ʃatɛɲe] *nm* chestnut tree.

châtain [ʃatɛ̃] *adj inv* (*cheveux*) chestnut; (*personne*) brown-haired.

château [ʃato] *nm, pl* ~x [ʃato] *nm* (*fort*) castle; (*palais*) palace; (*manoir*) mansion; (*en France*) château. **bâtir des ~x en Espagne** to build castles in the air *ou* in Spain; ~ **de cartes** house of cards; ~ **d'eau** water tower; ~ **fort** stronghold, fortified castle.

châtelain [ʃɑtlɛ̃] *nm* manor-owner. ◆ **chate-laine** *nf* lady of the manor.

châtier [ʃɑtje] (7) *vt* (*gén*) to punish; (*style*) to refine. ◆ **châtiment** *nm* punishment.

chatoiement [ʃatwamɑ̃] *nm* shimmer.

chaton [ʃatɔ̃] *nm* (*chat*) kitten.

chatouiller [ʃatuje] (1) *vt* to tickle. ◆ **chatouillement** [ʃatujmɑ̃] *nm* ~(s) tickle. ◆ **chatouilleux, -euse** *adj* (*lit*) ticklish; (*susceptible*) touchy (*sur* on, about).

chatoyer [ʃatwaje] (8) *vi* to shimmer.

châtrer [ʃɑtre] (1) *vt* (*gén*) to castrate; (*chat*) to neuter.

chatte [ʃat] *nf* (she-)cat.

chaud, e [ʃo, od] — 1 *adj* (*agréable*) warm; (*bru-lant*) hot; (*partisan*) keen; (*discussion*) heat-ed; (*tempérament*) hot; (*voix, couleur*) warm. **il n'est pas très ~ pour le faire*** he is not very keen on doing it; **points ~s** hot spots. — 2 *nm* : **le ~** the heat, the warmth; (*Méd*) ~ **et froid** chill; **garder qch au ~** to keep sth warm *ou* hot. — 3 *adv* : **avoir ~** to be *ou* feel warm; (*trop*) to be *ou* feel hot; (*fig*) **j'ai eu ~!** I got a real fright; **ça ne me fait ni ~ ni froid** I couldn't care less; **tenir ~ à qn** to keep sb warm. ◆ **chaudement** *adv* (*gén*) warmly; (*défendre*) heatedly; hotly.

chaudière [ʃodjɛr] *nf* boiler.

chaudron [ʃodrɔ̃] *nm* cauldron.

chauffage [ʃofaʒ] *nm* heating. ~ **central** cen-tral heating.

chaufard [ʃofar] *nm* (*péj*) reckless driver.

chauffe-eau [ʃofo] *nm inv* immersion heater.

chauffe-plats [ʃofpla] *nm inv* plate-warmer, hotplate.

chauffer [ʃofe] (1) — 1 *vt* (*gén*) to heat; (*soleil*) to warm. ~ **qch à blanc** to heat sth white-hot. — 2 *vi* (*aliment, assiette*) to be heating up; to be warming up; (*moteur*) to warm up; (*four*) to heat up. **faire ~ qch** to heat sth up; **ça va ~!*** sparks will fly! — 3 **se chauffer** *vpr* to warm o.s. **se ~ au bois** to use wood for heating.

chaufferie [ʃofri] *nf* (*navire*) stokehold.

chauffeur [ʃofœr] *nm* driver; (*privé*) chauffeur. **voiture sans ~** self-drive car.

chaume [ʃom] *nm* (*champ*) stubble; (*toit*) thatch. ◆ **chaumière** *nf* cottage; (*de chaume*) thatched cottage.

chaussée [ʃose] *nf* (*route*) road, roadway; (*surélevée*) causeway. "~ **déformée**" 'uneven road surface'.

chausse-pied, *pl* ~s [ʃospje] *nm* shoehorn.

chausser [ʃose] (1) *vt* (*souliers, lunettes*) to put on. ~ **du 40** to take size 40 in shoes; **se ~** to put one's shoes on; **chaussé de bottes** wearing boots. ~ **rayon ~s** shoe *ou* footwear department.

chaussette [ʃosɛt] *nf* sock.

chausson [ʃosɔ̃] *nm* slipper; (*bébé*) bootee; (*danseur*) ballet shoe; (*Culin*) turnover.

chaussure [ʃosyr] *nf* (*basse*) shoe; (*montante*) boot.

chauve [ʃov] *adj* bald.

chauve-souris, *pl* ~s~ [ʃovsuri] *nf* bat.

chauvin, e [ʃovɛ̃, in] — 1 *adj* chauvinistic. — 2 *nm,f* chauvinist. ◆ **chauvinisme** *nm* chau-vinism.

chaux [ʃo] *nf* lime. **blanchi à la ~** whitewashed.

chavirer [ʃavire] (1) *vi* : **(faire) ~** to capsize.

chef [ʃɛf] — 1 *nm* (*usine*) head, boss*; (*tribu*) chief, chieftain; (*mouvement*) leader; (*Culin*) chef. **commandant en ~** commander-in-chief; **rédacteur en ~** chief editor; **de son propre ~** on his own initiative; ~ **d'accusation** charge; ~ **de bureau** head clerk; ~ **comptable** chief accountant; ~ **d'entreprise** company manager; ~ **d'État** head of state; ~ **de famille** head of the family; ~ **de file** leader; ~ **de gare** station master. ◆ **chef-lieu** county town. ~ **d'orchestre** conductor; ~ **de service** section *ou* departmental head; ~ **de**

chemin [ʃ(ə)mɛ̃] *nm* (*gén*) path; (*piste*) track; (*de campagne*) lane; (*lit, trajet*) way (*de, pour* to). **il y a une heure de ~** it's an hour's walk (*ou* drive); **quel ~ a-t-elle pris?** which way did she go?; **se mettre en ~** to set off; **faire du ~** (*idée*) to gain ground; (*concession*) **faire la moitié du ~** to go half-way to meet sb; **cela n'en prend pas le ~** it doesn't look likely; **le ~ de croix** the Way of the Cross; ~ **de fer** railway, railroad (US); **par ~ de fer** by rail. ~ **de halage** tow-path.

cheminée [ʃ(ə)mine] *nf* (*extérieure*) chimney (stack); (*intérieure*) fireplace; (*encadrement*) mantelpiece; (*bateau, train*) funnel; (*volcan, lampe*) chimney. ~ **d'aération** ventilation shaft.

cheminement [ʃ(ə)minmɑ̃] *nm* (*marcheurs*) progress, advance; (*pensée*) progression. ◆ **cheminer** (1) *vi* (*personne*) to walk (along).

cheminot [ʃ(ə)mino] *nm* railwayman, railroad man (US).

chemise [ʃ(ə)miz] *nf* (*homme*) shirt; (*femme, bébé*) vest; (*dossier*) folder. **il s'en moque comme de sa première ~** he doesn't care a fig*; ~ **de nuit** (*homme*) nightdress; (*homme*) night-shirt. ◆ **chemisette** *nf* short-sleeved shirt. ◆ **chemisier** *nm* (*vêtement*) blouse.

chenal, *pl* **-aux** [ʃ(ə)nal] *nm* channel.

chêne [ʃɛn] *nm* oak.

chenil [ʃ(ə)ni(l)] *nm* kennels.

chenille [ʃ(ə)nij] *nf* (Aut, Zool) caterpillar.

chèque [ʃɛk] *nm* cheque, check (US). ~ **de 100 F** cheque for 100 francs; (*lit, fig*) ~ **en blanc** blank cheque; ~ **postal** ≃ (Post Office) Girocheque; ~ **sans provision** bad *ou* dud* cheque; ~ **de voyage** traveller's cheque. ◆ **chéquier** *nm* cheque book.

cher, chère [ʃɛr] — 1 *adj* (a) (*aimé*) dear (*à* to). **les êtres ~s** the loved ones; **ce ~ vieux Louis!*** dear old Louis! (b) (*coûteux*) expensive, dear. **pas ~** cheap, inexpensive. — 2 *nm,f* : **mon ~, ma chère** my dear. — 3 *adv* (*coûter, payer*) a lot of money. **vendre ~** to charge high prices; **je ne l'ai pas acheté ~** I didn't pay much for it; **ça vaut ~** it's expen-sive, it costs a lot; (*fig*) **il ne vaut pas ~** he's a bad lot; (*fig*) **ça lui a coûté ~** it cost him dear.

chercher [ʃɛrʃe] (1) *vt* (a) (*gén*) to look for; (*gloire*) to seek; (*sur un livre*) to look up; (*dans sa mémoire*) to try to think of. ~ **qn des yeux**

to look around for sb; ~ **à faire** to try to do. **(b) va me ~ mon sac** go and fetch *ou* get me my bag; **il est venu le ~ à la gare** he came to meet *ou* collect him at the station; **envoyer qn ~ le médecin** to send sb for the doctor; **ça va ~ dans les 30 F** it'll come to something like 30 francs. **(c)** *(fig)* **~ fortune** to seek one's fortune; ~ **des histoires à qn** to try to make trouble for sb; ~ **midi à quatorze heures** to look for complications; ~ **la petite bête** to split hairs.

chercheur, -euse [ʃɛʀʃœʀ, øz] *nm,f* research worker. ~ **de** *(gén)* seeker of; ~ **d'or** gold digger.

chèrement [ʃɛʀmɑ̃] *adv* dearly.

chéri, e [ʃeʀi] — **1** *adj* beloved. **maman ~e** mother dear *ou* darling. — **2** *nm,f* darling.

chérir [ʃeʀiʀ] **(2)** *vt* to cherish.

cherté [ʃɛʀte] *nf* high price. **la ~ de la vie** the high cost of living.

chétif, -ive [ʃetif, iv] *adj* puny.

cheval, *pl* **-aux** [ʃ(ə)val, o] *nm (animal)* horse. ~ *ou* **~aux vapeur** horsepower; ~ **aux de bois** roundabout, carousel *(US)*; ~ **de course** race-horse; **ce n'est pas le mauvais ~*** he's not a bad sort; **à ~ on horseback; à ~ sur une chaise** sitting astride a chair; **à ~ sur deux mois** overlapping two different months; **être très à ~ sur le règlement** to be a real stickler for the rules; **de ~*** *(remède)* drastic; *(fièvre)* raging.

chevaleresque [ʃ(ə)valʀɛsk(ə)] *adj* chivalrous, gentlemanly.

chevalet [ʃ(ə)valɛ] *nm (peintre)* easel.

chevalier [ʃ(ə)valje] *nm (Hist)* knight; *(légion d'honneur)* chevalier. **faire qn ~** to knight sb; ~ **servant** attentive escort.

chevalière [ʃ(ə)valjɛʀ] *nf* signet ring.

chevauchée [ʃ(ə)voʃe] *nf (course)* ride.

chevauchement [ʃ(ə)voʃmɑ̃] *nm* overlapping.

chevaucher [ʃ(ə)voʃe] **(1)** — **1** *vt* to be *ou* sit astride. — **2 se chevaucher** *vpr* to overlap. — **3** *vi* to ride.

chevelu, e [ʃɛvly] *adj* long-haired.

chevelure [ʃɛvlyʀ] *nf (cheveux)* hair. **elle avait une ~ abondante** she had thick hair *ou* a thick head of hair.

cheveu, *pl* **~x** [ʃ(ə)vø] *nm (poil)* hair. *(chevelure)* **il a les ~x bruns** he has dark hair, he is dark-haired; **2 ~x blancs** 2 white hairs; **il s'en est fallu d'un ~ qu'ils ne se tuent** they escaped death by a hair's breadth; **avoir un ~ sur la langue*** to have a lisp; **se faire des ~x blancs*** to worry o.s. stiff*; **arriver comme un ~ sur la soupe*** to come at the most awkward moment; **tiré par les ~x*** far-fetched.

cheville [ʃ(ə)vij] *nf (Anat)* ankle; *(pour joindre)* peg, pin; *(pour clou)* rawlplug; *(poème)* che-ville. **être en ~ avec qn*** to be in contact *ou* touch with sb.

chèvre [ʃɛvʀ(ə)] *nf* (she-)goat, (nanny-)goat. ◆ **chevreau,** *pl* **~x** *nm* kid.

chèvrefeuille [ʃɛvʀəfœj] *nm* honeysuckle.

chevreuil [ʃəvʀœj] *nm* roe deer.

chevron [ʃəvʀɔ̃] *nm (poutre)* rafter; *(galon)* stripe, chevron.

chevronné, e [ʃəvʀɔne] *adj* practised, sea-soned.

chevroter [ʃəvʀɔte] **(1)** *vi* to quaver.

chez [ʃe] *prép* : **rentrer ~ soi** to go back home; **faites comme ~ vous** make yourself at home; ~ **nous** *(gén)* at home; *(famille)* in our family; *(pays)* in our country; **il est ~ sa tante** he's at his aunt's (house); **aller ~ le boucher** to go to the butcher's; ~ **Balzac** in Balzac; **c'est une habitude ~ lui** it's a habit with him.

chic [ʃik] — **1** *nm (toilette)* stylishness; *(personne)* style. **avoir le ~ pour faire qch** to have the knack of doing sth. — **2** *adj inv (élégant)* stylish, smart; **(*** : *gentil)* nice *(avec* to). — **3** *excl* **~!** terrific!*, great!*.

chicane [ʃikan] *nf* **(a)** *(route)* in and out. **(b)** *(querelle)* squabble. ◆ **chicaner (1)** *vi* to quibble. ◆ **chicanier, -ière** *nm,f* quibbler.

chiche [ʃiʃ] *adj (personne)* mean; *(repas)* meagre. ~ **que je le fais!*** I bet you I do it!*

chichis* [ʃiʃi] *nmpl* : **faire des ~** to make a fuss; **sans ~** *(recevoir)* informally.

chicorée [ʃikɔʀe] *nf (salade)* endive; *(à café)* chicory.

chien [ʃjɛ̃] — **1** *nm (animal)* dog; *(fusil)* ham-mer. **en ~ de fusil** curled up; **temps de ~*** rotten weather*; **entre ~ et loup** in the dusk; **recevoir qn comme un ~ dans un jeu de quilles** to give sb a cold reception. — **2** *adj inv (avare)* mean; *(méchant)* rotten*. — **3** : ~ **de berger** sheepdog; ~ **de chasse** retriever; ~ **de garde** watch dog; ~**loup** wolfhound; ~ **policier** police dog.

chiendent [ʃjɛ̃dɑ̃] *nm* couch grass.

chienne [ʃjɛn] *nf* bitch.

chiffon [ʃifɔ̃] *nm (piece of)* rag. ~ **de papier** scrap of paper; ~ **à poussière** duster. ◆ **chif-fonner (1)** *vt (papier)* to crumple. **ça me chiffonne*** it bothers me. ◆ **chiffonnier** *nm* ragman. **se battre comme des ~s** to fight like cat and dog.

chiffre [ʃifʀ(ə)] *nm (gén)* figure; *(somme)* sum; *(code)* code; *(initiales)* initials. ~ **d'affaires** turnover. ◆ **chiffrer (1)** *vt (coder)* to encode; *(évaluer)* to assess. **se ~ à** to amount to.

chignole [ʃiɲɔl] *nf* drill.

chignon [ʃiɲɔ̃] *nm* bun, chignon.

Chili [ʃili] *nm* Chile.

◆ **chimérique** *adj* fanciful.

chimère [ʃimɛʀ] *nf* pipe dream, idle fancy.

chimie [ʃimi] *nf* chemistry. ◆ **chimique** *adj* chemical. ◆ **chimiste** *nmf* chemist *(scientist)*.

chimpanzé [ʃɛ̃pɑ̃ze] *nm* chimpanzee.

Chine [ʃin] *nf* China. ◆ **chinois, e** — **1** *adj* Chinese; *(taillon)* hair-splitting. — **2** *nm* **(a)** *(Ling)* Chinese. **(b)** *(péj)* **c'est du ~*** it's all Greek to me*. — **3** *nf* : **C~e** Chinese. ◆ **C~e** Chinese woman.

chiot [ʃjo] *nm* puppy.

chiper* [ʃipe] **(1)** *vt (voler)* to pinch*.

chipie [ʃipi] *nf* minx.

chipoter* [ʃipɔte] **(1)** *vi (manger)* to pick at one's food; *(ergoter)* to quibble *(sur* over).

chique [ʃik] *nf* quid.

chiquenaude [ʃiknod] *nf* flick.

chirurgical, e, *mpl* **-aux** [ʃiʀyʀʒikal, o] *adj* surgical. ◆ **chirurgie** *nf (science)* surgery. ◆ **chirurgien** *nm* surgeon. ◆ **~dentiste** dental surgeon.

chlore [klɔʀ] *nm* chlorine.

chloroforme [klɔʀɔfɔʀm(ə)] *nm* chloroform.

chlorophylle [klɔʀɔfil] *nf* chlorophyll.

choc [ʃɔk] *nm* (**a**) (*heurt*) (*gén*) shock; (*vagues, véhicules*) crash; (*intérêts*) clash; (*sur la tête etc*) blow, bump. **traitement de ~** shock treatment; **prix.~** special price. (**c**) (*émotion*) shock, crash; (*sourd*) thud. (**c**) (*émotion*) shock.

chocolat [ʃɔkɔla] *nm* chocolate; **e** *adj* choco-plain chocolate. **~ au lait** milk chocolate. **~ à croquer** late-flavoured.

chœur [kœʀ] *nm* (*gén*) chorus; (*Rel*) choir. **tous en ~** all together now!

choir [ʃwaʀ] *vi* to fall. **laisser ~** to drop.

choisir [ʃwaziʀ] (2) *vt* to choose, select.

choix [ʃwa] *nm* choice. **il y a du ~** there is a choice *ou* a wide selection; **je n'avais pas le ~** I had no option *ou* choice; **produits de ~** choice products; **articles de second ~** seconds.

choléra [kɔleʀa] *nm* cholera.

cholestérol [kɔlesteʀɔl] *nm* cholesterol.

chômage [ʃomaʒ] *nm* unemployment. **au ~** unemployed, out of work; **mettre au ~** to make sb redundant; **~ partiel** short-time working. **mettre en ~ technique** to lay off. **◆ chômer** (1) *vi* (*être inactif*) to be idle. **jour chômé** public holiday. **◆ chômeur, -euse** *nm,f* unemployed person.

chope [ʃɔp] *nf* pint.

chopine [ʃɔpin] *nf* bottle (of wine).

choquer [ʃɔke] (1) *vt* (*attitude*) to shock, appal; (*accident, deuil*) to shake. **~ les oreilles de qn** to offend sb's ears.

choral, e, *mpl* **~s** [kɔʀal] — **1** *adj* choral. — **2** *nf* choir.

chorégraphie [kɔʀegʀafi] *nf* choreography.

chose [ʃoz] *nf* (*gén*) thing; (*question*) matter. **c'est une ~ admise** it's an accepted fact; **c'est ~ faite** it's done; **peu de ~** nothing much; **avant toute ~** above all else; **c'est tout autre ~** it's another matter; **je vais vous expliquer ce ~** he'll tell you about it; **en mettant les ~s au mieux** at best; **être tout ~** to feel a bit peculiar.

chou, pl ~x [ʃu] *nm* (*Bot*) cabbage; (*gâteau*) puff. (**: amour*) darling; **~ rouge** red cabbage. — **2** *adj inv* (*ravissant*) delightful. **◆ chouchou, -te*** *nm,f* pet. **◆ choucroute** *nf* sauer-kraut. **~-fleur** cauliflower; **~ de Bruxelles** Brussels sprout.

chouette* [ʃwɛt] *nf* owl.

chouette* [ʃwɛt] (8) *vt* to pamper, spoil. *nice.* — **2** *adj* (*beau*) (*beau*) great*; (*gentil*)

choyer [ʃwaje] (8) *vt* to pamper, spoil.

chrétien, -ienne [kʀetjɛ̃, jɛn] *adj,* **C~, -ienne** *nm,f* Christian. **◆ chrétienté** *nf* Christendom. **◆ Christ** [kʀist] *nm; le C~** Christ. **◆ christia-nisme** *nm* Christianity.

chrome [kʀom] *nm* chromium. **◆ chromer** (1) *vt* to chromium-plate.

chromosome [kʀomozom] *nm* chromosome.

chronique [kʀonik] — **1** *adj* chronic. — **2** *nf* (*Littérat*) chronicle; (*Presse*) column. **◆ chro-niqueur** *nm* chronicler; columnist.

chrono* [kʀono] *nm abrév de* **chronomètre.**

chronologie [kʀonɔlɔʒi] *nf* chronology. **◆ chronologique** *adj* chronological.

chronomètre [kʀonɔmetʀ(ə)] *nm* stopwatch. **◆ chronométrer** [kʀonɔmetʀe] (6) *vt* to time. **◆ chronométreur** *nm* timekeeper.

chrysanthème [kʀizɑ̃tem] *nm* chrysanthemum.

chuchotement [ʃyʃɔtmɑ̃] *nm* whisper. **◆ chu-choter** (1) *vti* to whisper.

chut [ʃyt] *excl* sh!

chute [ʃyt] *nf* (**a**) (*gén*) fall; (*régime*) collapse (*de of*); (*monnaie, température*) drop (*de in*). **faire une ~ de 3 mètres** to fall 3 metres; **~ libre** free fall. (**b**) (*Géog*) **~ d'eau** waterfall; **les ~s du Niagara** the Niagara Falls; **fortes ~s de neige** heavy snowfalls. (**c**) (*tissu*) scrap; (*bois*) off-cut. **◆ chuter** (1) *vi* to fall. **faire ~ qn** to bring sb down.

ci [si] *adv* : **celui-~, celle-~, ceux-~** these (ones); **ce livre-~** this book; **ces jours-~** (*avenir*) in the next few days; (*passé*) these past few days; (*présent*) these days; **de-là** here and there; **~-contre** opposite; **~-dessus** above; **~-dessous** below; **~-joint** here lies; **les papiers ~-joints** the enclosed papers.

cible [sibl(ə)] *nf* target.

cicatrice [sikatʀis] *nf* scar. **◆ cicatriser** *vt, se **cicatriser** *vpr* (1) to heal over.

cidre [sidʀ(ə)] *nm* cider.

ciel [sjel], *pl* **cieux** [sjø] *nm* sky. (*Rel*) **le ~, les cieux** heaven; (*Rel*) **juste ~!** good heavens!; **mine à ~ ouvert** opencast mine.

cierge [sjeʀʒ(ə)] *nm* (*Rel*) candle.

cigale [sigal] *nf* cicada.

cigare [sigaʀ] *nm* cigare. **◆ cigarette** *nf* cigarette. **~ à bout filtre** tipped cigarette.

cigogne [sigɔɲ] *nf* stork.

cil [sil] *nm* eyelash.

cime [sim] *nf* (*montagne*) summit; (*arbre*) top; (*gloire*) peak, height.

ciment [simɑ̃] *nm* cement. **◆ cimenter** (1) *vt* to cement.

cimetière [simjɛʀ] *nm* (*ville*) cemetery; (*église*) graveyard, churchyard.

cinéaste [sineast(ə)] *nmf* film maker.

ciné-club [sineklœb] *nm* film society.

cinéma [sinema] *nm* (*gén*) cinema; (*salle*) cinema, movie theater (*US*). **faire du ~** to be a film actor (*ou* actress); **producteur de ~** film producer; **aller au ~** to go to the pictures *ou* movies (*US*); **quel ~!** what a fuss. **◆ cinéma-tographique** *adj* film, cinema.

cinglant, e [sɛ̃glɑ̃, ɑ̃t] *adj* (*vent*) biting; (*pluie*) lashing; (*propos*) cutting.

cinglé*, e [sɛ̃gle] — **1** *adj* cracked*. — **2** *nm,f* crackpot*.

cingler [sɛ̃gle] (1) — **1** *vt* (*fouetter*) to lash. — **2** *vi* (*Naut*) **~ vers** to make for.

cinq [sɛ̃k] *adj, nm* five; V **six.**

cinquantaine [sɛ̃kɑ̃ten] *nf* about fifty.

cinquante [sɛ̃kɑ̃t] *adj, nm* fifty. **◆ cinquan-tième** *adj, nmf* fiftieth.

cinquième [sɛ̃kjem] — **1** *adj, nmf* fifth. **être la ~ roue du carrosse*** to count for nothing; **V sixième.** — **2** *nf* (*Scol*) second year, 10ᵗʰ grade (*US*). **◆ cinquièmement** *adv* in the fifth place.

cintre [sɛ̃tʀ(ə)] *nm* coat hanger. **◆ cintré, e** *adj* (*chemise*) slim-fitting.

cirage [siʀaʒ] *nm* (*produit*) shoe polish; (*action*) polishing. (*évanoui*) **être dans le ~*** to be dazed.

circonférence [siʀkɔ̃feʀɑ̃s] *nf* circumference.

circonflexe [siʀkɔ̃fleks(ə)] *adj* : **accent ~** cir-cumflex.

circonscription [sirkɔ̃skripsjɔ̃] nf district, area. ~ **électorale** constituency.

circonscrire [sirkɔ̃skrir] (39) vt (épidémie) to contain; (sujet) to define.

circonspect, e [sirkɔ̃spɛ, ɛkt(ə)] adj circumspect. ◆ **circonspection** nf circumspection.

circonstance [sirkɔ̃stɑ̃s] nf (occasion) occasion; (situation) circumstance. **en la ~** on this occasion; **dans ces ~s** in these circumstances; **pro-pos de ~** appropriate words. ◆ **circonstan-cié, e** adj detailed. ◆ **circonstanciel, -ielle** adj adverbial.

circuit [sirkɥi] nm (touristique) tour; (complet; que) roundabout route; (Sport, Elec) circuit. ~ **de distribution** distribution network; ~ **fermé** closed circuit; ~ **intégré** integrated circuit.

circulaire [sirkylɛr] adj, nf circular.

circulation [sirkylasjɔ̃] nf (gén) circulation; (marchandises) movement; (trains) running; (voitures) traffic. **mettre en ~** (argent) to put into circulation; (livre) to bring out.

circuler [sirkyle] (1) vi (a) (gén) to circulate; (rumeur) to go round. **faire ~** to circulate. **b** (voiture) to go; (passant) to walk. **circulez!** move along; **faire ~** (voitures) to move on; (plat) to hand round.

cire [sir] nf (gén) wax; (meubles) polish. ◆ **ciré** nm oilskin. ◆ **cirer** (1) vt to polish.

cirque [sirk(ə)] nm circus. **quel ~!*** what chaos!

cisailler [sizaje] (1) vt to cut; (*: maladroi-tement) to hack. ◆ **cisailles** nfpl (métal, arbre) shears; (fil de fer) wire cutters.

ciseau, pl ~x [sizo] nm (a) **paire de ~x** pair of scissors; (b) (sculpture) chisel.

ciseler [sizle] (5) vt to chisel, engrave.

citadelle [sitadɛl] nf citadel.

citadin, e [sitadɛ̃, in] — 1 adj urban, town, city. — 2 nm,f city dweller.

citation [sitasjɔ̃] nf (auteur) quotation.

cité [site] nf (ville) city; (petite) town; (lotis-sement) housing estate. ~-**dortoir** nf dormi-tory town; ~-**jardin** nf garden city; ~ **universi-taire** student halls of residence.

citer [site] (1) vt to quote, cite.

citerne [sitɛrn(ə)] nf tank.

citoyen, -enne [sitwajɛ̃, ɛn] nm,f citizen. ◆ **citoyenneté** nf citizenship.

citron [sitrɔ̃] nm lemon. ◆ **citronnade** nf lemon squash. ◆ **citronnier** nm lemon tree.

citrouille [sitrɥij] nf pumpkin.

civet [sivɛ] nm stew.

civière [sivjɛr] nf stretcher.

civil, e [sivil] — 1 adj (guerre, mariage) civil; (non militaire) civilian; (poli) civil. — 2 nm (non soldat) civilian; (non policier) civilian. **en ~** (soldat) in civilian clothes; (policier) in plain clothes; **dans le ~** in civilian life. ◆ **civilement** adv (a) **être ~ responsable** to be legally responsible; **se marier ~** to have a civil wedding. (b) (poliment) civilly.

civilisation [sivilizasjɔ̃] nf civilization. ◆ **civili-ser** (1) — 1 vt to civilize. — 2 **se civiliser** vpr to become civilized.

civilité [sivilite] nf civility.

civique [sivik] adj civic. ◆ **civisme** nm public-spiritedness.

clair, e [klɛr] — 1 adj (a) (pièce) bright, light; (couleur) (vive) bright; (pâle) light; (robe) light-coloured. **bleu ~** light blue. (b) (soupe, tissu usé) thin. (c) (ciel, idée) clear. **par temps ~** on a clear day; **il est ~ que** it is clear ou plain that. — 2 adv (voir) clearly. **il fait ~** it is daylight. — 3 nm : **tirer qch au ~** to clear sth up; **le plus ~ de mon temps** most of my time; **au ~ de lune** in the moonlight. ◆ **clairement** adv clearly. ◆ **claire-voie** nf : **à ~** openwork.

clairière [klɛrjɛr] nf clearing, glade.

clairon [klɛrɔ̃] nm bugle; (joueur) bugler. ◆ **claironner, e** adj (voix) resonant.

clairsemé, e [klɛrsəme] adj sparse.

clairvoyance [klɛrvwajɑ̃s] nf perceptiveness. ◆ **clairvoyant, e** adj perceptive.

clamer [klame] (1) vt (gén) to shout out; (inno-cence) to proclaim. ◆ **clameur** nf (cris) clam-our. ~**s** protests.

clan [klɑ̃] nm clan.

clandestin, e [klɑ̃dɛstɛ̃, in] adj (gén) clandes-tine; (mouvement) underground. **passager ~** stowaway. ◆ **clandestinement** adv clandes-tinely. ◆ **clandestinité** nf : **dans la ~** clandes-tinely.

clapet [klapɛ] nm valve.

clapier [klapje] nm hutch.

clapoter [klapɔte] (1) vi to lap. ◆ **clapotis** nm lapping.

claque [klak] nf (gifle) slap; (Théât) claque.

claquemurer (se) [klakmyre] (V **claquer**) bang; crack; click; snap.

claquer [klake] (1) — 1 vi (a) (volet) to bang; (drapeau) to flap; (fouet) to crack; (coup de feu) to ring out. **faire ~** (porte) to bang; (fouet) to crack; (doigts) to snap; (langue) to click; ~ **dans ses mains** to clap; **il claquait des dents** his teeth were chattering. (b) (*: mourir) (per-sonne) to die; (lampe) to pack in*; (élastique) to snap. — 2 vt (gifler) to slap; (fermer) to snap shut; (*: fatiguer) to tire out; (*: casser) to bust*. **se ~ un muscle** to strain a muscle. ◆ **claquement** nm (V **claquer**) bang; crack; click; snap.

claquette [klakɛt] nf (danse) ~**s** tap-dancing.

clarification [klarifikasjɔ̃] nf clarification.

clarifier vt, **se clarifier** vpr [klarifje] (7) to clarify.

clarinette [klarinɛt] nf clarinet.

clarté [klarte] nf (gén) light; (pièce, ciel) bright-ness; (eau, son) clearness; (explication) clar-ity. **à la ~ de la lampe** in the lamplight.

classe [klas] nf (a) (catégorie) class. **les ~s moyennes** the middle classes; **de première ~** (employé) top grade; (hôtel, billet) 1st class; (Aviat) ~ **touriste** economy class. (b) (valeur) class. **elle a de la ~** she's got class. (c) (Scol) (élèves, cours) class; (année) year, grade (US); (salle) classroom. **il est premier de la ~** he is top of the class; **aller en ~** to go to school. (d) (Mil) **soldat de 1ère** (ou 2ème) ~ ≈ private; **la ~ 1982** the class of '82; **faire ses ~s** to do one's training.

classement [klasmɑ̃] nm (a) (papiers) filing; (livres) classification; (candidats) grading. (b) (Jur : affaire) closing. (c) (rang) (élève) place; (coureur) placing. (d) (liste) (élèves) class list; (coureurs) finishing list. ◆ **général** overall placings.

classer [klase] (1) vt (papiers) to file; (livres) to classify; (candidats) to grade. **X, que l'on**

classe parmi X who ranks among; **monument classé** listed building; **être classé** to be among the first; **être bien classé** to be well placed. **(b)** *(score)* **(affaire)** to close.

classeur [klɑsœr] *nm* *(meuble)* filing cabinet; *(dossier)* loose-leaf file.

classification [klasifikɑsjɔ̃] *nf* classification.

classifier (7) *vt* to classify.

classique [klasik] — **1** *adj* *(en art)* classical; *(habituel)* classic. **c'est ~!** it's the classic situation! — **2** *nm* *(auteur, œuvre)* classic.

clause [kloz] *nf* clause.

clavecin [klavsɛ̃] *nm* harpsichord.

clavicule [klavikyl] *nf* collarbone.

clavier [klavje] *nm* keyboard.

clé *ou* **clef** [kle] *nf* *(pour ouvrir)* key *(de* to); *(outil)* spanner; *(gamme)* clef. **mettre sous ~** to put under lock and key; **mettre la ~ sous la porte** to clear out; **position ~** key position; **~ de contact** ignition key; **~ à molette** adjustable wrench; **~ de voûte** keystone.

clémence [klemɑ̃s] *nf* *(temps)* mildness; *(juge)* leniency. **◆ clément, e** *adj* mild: lenient.

clémentine [klemɑ̃tin] *nf* clementine.

clerc [klɛr] *nm* *(notaire etc)* clerk.

clergé [klɛrʒe] *nm* clergy. **◆ clérical, e, -aux** *adj, nm,f* clerical.

cliché [kliʃe] *nm* *(banal)* cliché; *(photo)* negative.

client, e [klijɑ̃, ɑ̃t] *nm,f* *(gén)* customer; *(avocat)* client; *(hôtel)* guest; *(médecin)* patient; *(taxi)* fare; *(*péj*: individu)* fellow, guy*. **◆ clientèle** *nf* *(magasin)* customers, clientele; *(avocat, médecin)* practice; *(parti)* supporters, patronize sb. **accorder sa ~ à qn** to give sb one's custom.

cligner [kliɲe] (1) *vi indir* : **~ des yeux** to blink; **~ de l'œil** to wink *(en direction de* at). **◆ clignement** [kliɲmɑ̃] *nm* *(de l'œil)* wink *(à* a); **en un ~ d'œil** in the twinkling of an eye.

clignoter [kliɲɔte] (1) *vi* *(yeux)* to blink; *(étoile)* to twinkle; *(lampe)* to flicker; *(pour signal)* to flash, wink. **◆ clignotant** [kliɲɔtɑ̃] *nm* *(Aut)* indicator.

climat [klima]. *nm* climate. **◆ climatique** *adj* climatic. **◆ climatisation** *nf* air conditioning. **◆ climatiser** (1) *vt* to air-condition.

cin [klɛ̃] *nm* : **~ d'œil** wink, faire **un ~ d'œil** to wink *(à* a);

clinique [klinik] — **1** *adj* clinical. — **2** *nf* *(établissement)* nursing home; *(section d'hôpital)* clinic. **~ d'accouchement** maternity home.

clinquant, e [klɛ̃kɑ̃, ɑ̃t] — **1** *adj* flashy. — **2** *nm* *(bijoux)* tawdry jewellery.

clique [klik] *nf* *(Mus)* band; *(péj)* clique, set. **prendre ses ~s et ses claques*** to pack up and go.

cliqueter [klikte] (4) *vi* *(gén)* to clink; *(vaisselle)* to clatter; *(chaînes)* to jangle; *(armes)* to clash. **◆ cliquetis** *nm* clink; clatter; jangle; clash.

clivage [klivaʒ] *nm* split *(de* in).

clochard, e* [klɔʃar, aʀd(ə)] *nm,f* down-and-out, tramp.

cloche [klɔʃ] *nf* *(gén)* bell; *(plat)* lid; *(plantes)* cloche; (*: *imbécile*) idiot*. **~ à fromage** cheese cover. **◆ cloche-pied** *adv* : **sauter à ~** to hop.

clocher¹ [klɔʃe] *nm* *(en pointe)* steeple; *(quadrangulaire)* church tower; *(fig* : *village)* village.

clocher² [klɔʃe] (1) *vi* : **il y a qch qui cloche** there's sth wrong *(dans* with).

clochette [klɔʃɛt] *nf* small bell; *(fleur)* bell-flower.

cloison [klwazɔ̃] *nf* partition; *(fig)* barrier. **◆ cloisonner** (1) *vt* to compartmentalize.

cloître [klwatr(ə)] *nm* cloister. **◆ cloîtrer** (1) *vt* to shut away *(dans* in); *(Rel)* to cloister.

clopin-clopant [klɔpɛ̃klɔpɑ̃] *adv* : **aller ~** to hobble along.

clopiner [klɔpine] (1) *vi* to hobble along.

cloque [klɔk] *nf* blister. **◆ cloquer** (1) *vi* to blister.

clore [klɔr] (45) *vt* *(terminer)* to close, end; *(entourer)* to enclose *(de* with); *(fermer)* *(porte)* to close, shut; *(lettre)* to seal. **◆ clos, e — 1** *adj* *(système, yeux)* closed; *(espace)* enclosed. — **2** *nm* *(pré)* field; *(vignoble)* vineyard.

clôture [klɔtyr] *nf* **(a)** *(barrière)* fence; *(haie)* hedge; *(mur)* wall. **(b)** *(débat, liste)* closing, closure; *(bureaux)* closing; *(espace)* closing date; **date de ~** closing date. **◆ clôturer** (1) *vt* *(champ)* to fence; *(liste)* to close.

clou [klu] *nm* *(objet)* nail; *(pustule)* boil. **traverser dans les ~s** to cross at the pedestrian crossing; **le ~ du spectacle** the star turn; **des ~s!*** nothing doing!*; **~ de girofle** clove. **◆ clouer** (1) *vt* to nail down. **~ qn sur place** to nail sb to the spot; **~ qn sur un lit** to keep sb confined to bed; **~ le bec à qn*** to shut sb up*.

clown [klun] *nm* clown. **faire le ~** to play the fool. **◆ clownerie** *nf* silly trick. **~s** clowning.

club [klœb] *nm* club.

co [kɔ] *préf* co-, joint. **coaccusé** codéfendant; **coacquéreur** joint purchaser; **codétenu** fellow prisoner; **coéquipier** team mate.

coaguler *vti*, **se coaguler** *vpr* [kɔagyle] (1) *(gén)* to coagulate; *(sang)* to clot.

coaliser *vt*, **se coaliser** *vpr* [kɔalize] (1) to make a coalition. **◆ coalition** *nf* coalition.

coasser [kɔase] (1) *vi* to croak.

cobaye [kɔbaj] *nm* *(lit, fig)* guinea-pig.

cocarde [kɔkard(ə)] *nf* rosette; *(sur voiture)* sticker.

cocasse [kɔkas] *adj* comical, funny. **◆ cocasserie** *nf* funniness.

coccinelle [kɔksinɛl] *nf* ladybird.

coccyx [kɔksis] *nm* coccyx.

coche [kɔʃ] (1) *vt* to tick off.

cocher¹ [kɔʃe] (1) *vt* to tick off.

cocher² [kɔʃe] *nm* coachman; *(fiacre)* cabman.

cochon [kɔʃɔ̃] *nm* *(animal)* pig; (*: *personne*) dirty pig*. **~ de guinea-pig; ~ d'Inde** guinea-pig. **◆ cochonnerie*** *nf* : **de la ~** *(nourriture)* disgusting food; *(marchandise)* rubbish; **faire des ~s** to make a mess.

cocktail [kɔktɛl] *nm* *(réunion)* cocktail party; *(boisson)* cocktail.

cocon [kɔkɔ̃] *nm* cocoon.

cocorico [kɔkɔriko] *nm, excl* cock-a-doodle-do.

cocotier [kɔkɔtje] *nm* coconut palm.

cocotte [kɔkɔt] *nf* (*: *poule*) hen; *(marmite)* casserole. **~ minute** ® pressure cooker.

code [kɔd] nm (gén) code. C~ de la route highway code; (Aut) se mettre en ~ to dip one's headlights. ◆ **codifier** (7) vt to codify.

coefficient [kɔefisjɑ̃] nm coefficient.

codification [kɔdifikasjɔ̃] nf codification. ◆ **coder** (1) vt to code.

cœur [kœʀ] nm (a) (gén) heart; (fruit) core. au ~ de in the heart of; ~ de palmier heart of palm; ~ d'artichaut artichoke heart; atout ~ hearts are trumps; **on l'a opéré à ~ ouvert** he had an open-heart operation. (b) (estomac) **avoir mal au ~** to feel sick; **odeur qui soulève le ~** nauseating smell. (c) (affectivité) **ça m'est resté sur le ~** I still feel sore about that; **je suis spectacle à vous fendre le ~** heartbreaking sight; **avoir le ~ gros** to have a heavy heart; **au fond de son ~** in his heart of hearts. (d) **de tout ~ avec vous** I do sympathize with you; **sans ~** heartless. (e) (humeur) **avoir le ~ gai** to feel happy; **de bon ~** willingly; **si le ~ vous en dit** if you feel like it. (f) (courage) **donner du ~ au ventre à qn*** to buck sb up*, **avoir du ~ au ventre*** to have guts*. (g) (conscience) **par ~** by heart; **je veux en avoir le ~ net** I want to be clear in my own mind about it; **avoir à ~ de faire** to make a point of doing; **prendre les choses à ~** to take things to heart; **ça me tient à ~** it's close to my heart.

coexistence [kɔɛgzistɑ̃s] nf coexistence. ◆ **coexister** (1) vi to coexist.

coffre [kɔfʀ(ə)] nm (meuble) chest; (Aut) boot, trunk (US); (cassette) coffer. ◆ **~-fort** safe. ◆ **coffret** nm casket.

cognac [kɔɲak] nm cognac.

cogner [kɔɲe] (1) — **1** vt (objet) to knock; (*: battre) to beat up. ~ **sur la table** to bang on the table; ~ **à la porte** to knock at the door. — **2** vi (voler) to bang (contre against); (*) (boxeur) to hit out hard; (soleil) to beat down. — **3 se cogner** vpr: **se ~ le genou contre** to bang one's knee against; **c'est à se ~ la tête contre les murs** it's enough to drive you up the wall.

cohabitation [kɔabitasjɔ̃] nf cohabitation. ◆ **cohabiter** (1) vi to live together, cohabit. ~ **avec** to live with.

cohérence [kɔeʀɑ̃s] nf coherence, consistency. ◆ **cohérent, e** adj coherent, consistent.

cohésion [kɔezjɔ̃] nf cohesion.

cohue [kɔy] nf (foule) crowd; (bousculade) crush.

coiffer [kwafe] (1) vt (a) ~ **qn** to do sb's hair; **se faire ~** to have one's hair done; **se ~** to do one's hair; **il est bien coiffé** his hair looks nice; **il est mal coiffé** his hair looks untidy; **être coiffé en brosse** to have a crew cut. (b) (chapeau) to put on. **coiffé d'un chapeau** wearing a hat. (c) (organismes) to control; (concurrent) to beat. — **2 se coiffer** vpr: **se ~ d'un chapeau** to put a hat on. ◆ **coiffeur** nm hairdresser. — **coiffeuse** nf hairdresser. ◆ **coiffeuse** nf (meuble) dressing table. ◆ **coiffure** nf hair style; (chapeau) hat. (métier) **la ~** hairdressing.

coin [kwɛ̃] nm (a) (angle) corner. **au ~ du feu** by the fireside; **le magasin qui fait le ~** the shop at the corner; **le ~ de l'œil** out of the corner of one's eye. (b) (région) area; (village) place; (endroit) corner. **un ~ de ciel** a patch of sky; **je l'ai mis dans un ~** I put it somewhere; **dans tous les ~s et recoins** in every nook and cranny; **l'épicier du ~** the local grocer. (c) (cale) wedge.

coincer [kwɛ̃se] (3) — **1** vt (intentionnellement) to wedge; (accidentellement) to jam; (*: prendre) to catch. **nous sommes coincés** we are stuck. — **2 se coincer** vpr to get jammed ou stuck.

coïncidence [kɔɛ̃sidɑ̃s] nf (gén) coincidence. ◆ **coïncider** (1) vi to coincide (avec with).

coke [kɔk] nm coke.

col [kɔl] nm (a) (chemise) collar. ~ **roulé** polo-neck sweater. (b) (Géog) pass; (Anat, fig) neck.

colchique [kɔlʃik] nm autumn crocus.

colère [kɔlɛʀ] nf anger. **se mettre en ~** to get angry (contre with); **faire une ~** to throw a tantrum. ◆ **coléreux, -euse** adj quick-tempered.

colimaçon [kɔlimasɔ̃] nm : **escalier en ~** spiral staircase.

colin [kɔlɛ̃] nm hake.

colique [kɔlik] nf (diarrhée) diarrhoea.

colis [kɔli] nm parcel. **par ~ postal** by parcel post.

collaborateur, -trice [kɔlabɔʀatœʀ, tʀis] nm,f (gén) colleague; (journal) contributor; (livre) collaborator. ◆ **collaboration** nf collaboration (à on); contribution (à to). ◆ **collaborer** (1) vi to collaborate (à on); to contribute (à to).

collage [kɔlaʒ] nm sticking; (tableau) collage.

collant, e [kɔlɑ̃, ɑ̃t] — **1** adj (ajusté) tight-fitting; (poisseux) sticky. — **2** nm (maillot) leotard; (bas) tights.

collation [kɔlasjɔ̃] nf snack.

colle [kɔl] nf (a) (gén) glue; (à papier) paste. (b) (* : question) poser*. (c) (examen blanc) mock oral exam; (retenue) detention. ◆ **collecte** [kɔlɛkt(ə)] nf collection. ◆ **collecter** (1) vt to collect.

collectif, -ive [kɔlɛktif, iv] adj (gén) collective; (billet) group; (licenciements) mass. **immeuble ~** block of flats. ◆ **collectivement** adv collectively.

collection [kɔlɛksjɔ̃] nf collection. ◆ **collectionner** (1) vt to collect. ◆ **collectionneur, -euse** nm,f collector.

collectivité [kɔlɛktivite] nf (groupe) group; (organisation) body, organisation. **la ~** the community; **vivre en ~** to lead a communal life.

collège [kɔlɛʒ] nm (a) (Scol) secondary school, high school (US); (privé) private school. ~ **technique** technical school. (b) (Pol, Rel) college. ◆ **collégien** nm schoolboy. ◆ **collégienne** nf schoolgirl.

collègue [kɔlɛg] nmf colleague.

coller [kɔle] (1) — **1** vt (a) (timbre) to stick; (papier peint) to hang. ~ **son oreille à la porte** to press one's ear to the door; **il colla l'armoire contre le mur** he stood the wardrobe against the wall; **se ~ devant qn** to stand in front of sb; **colle tes valises dans un coin*** dump* your bags in a corner; **on m'a collé ce travail*** I've got stuck* with this job. (b) (Scol) (consigner) to recaler; **se faire ~** to be given a detention; to be failed. — **2** vi (a) (être poisseux) to be sticky; (adhérer) to stick (à to), (fig) **ça ne colle pas*** it doesn't work.

collet [kɔlɛ] nm (piège) noose; (Tech) collar.

colleur, -euse [kɔlœr, øz] nmf: ~ **d'affiches** billsticker.

collier [kɔlje] nm (bijou) necklace; (chien, tuyau) collar (barbe) beard.

colline [kɔlin] nf hill.

collision [kɔlizjɔ̃] nf (véhicules) collision; (fig) clash. **entrer en** ~ to collide (avec with).

colmater [kɔlmate] (1) vt (fuite) to seal off; (fissure) to fill in.

colombe [kɔlɔ̃b] nf dove.

colon [kɔlɔ̃] nm (pionnier) settler; (enfant) child, boarder.

colonel [kɔlɔnɛl] nm colonel.

colonial, e, mpl **-aux** [kɔlɔnjal, o] adj, nm colonial. ♦ **colonialisme** nm colonialism. ♦ **colonialiste** adj, nmf colonialist.

colonie [kɔlɔni] nf colony. ~ **de vacances** holiday camp.

colonisateur, -trice [kɔlɔnizatœr, tris] — **1** adj colonizing. — **2** nmf colonizer. ♦ **colonisation** nf colonization. ♦ **coloniser** (1) vt to colonize.

colonnade [kɔlɔnad] nf colonnade.

colonne [kɔlɔn] nf (gén) column. ~ **montante** rising main; ~ **de secours** rescue party; ~ **vertébrale** spine.

colorant, e [kɔlɔrɑ̃, ɑ̃t] adj, nm colouring. ♦ **coloration** nf colouring. ♦ **coloré, e** [kɔlɔre] adj (teint) ruddy; (objet) coloured; (foule, récit) colourful.

colorer [kɔlɔre] (1) vt to colour sth blue. **se** ~ **de** to be coloured with.

coloriage [kɔlɔrjaʒ] nm (action) colouring; (dessin) coloured drawing. ♦ **colorier** (7) vt to colour in. ♦ **coloris** nm colour, shade.

colossal, e, mpl **-aux** [kɔlɔsal, o] adj colossal, huge. ♦ **colosse** nm giant.

coma [kɔma] nm (méd) coma. **dans le** ~ in a coma. ♦ **comateux** adj : **état** ~ comatose state.

combat [kɔ̃ba] nm (gén) fight; (Mil) battle; (Sport) match. **tué au** ~ killed in action; **les** ~s **continuent** the fighting goes on. ♦ **combatif, -ive** adj: **être** ~ to be of a fighting spirit. ♦ **combattant, e** — **1** adj fighting, combatant. — **2** nmf (guerre) combattant; (bagarre) brawler. ♦ **combattre** (41) vti to fight.

combien [kɔ̃bjɛ̃] — **1** adv (quantité) ~ **de lait** etc? how much milk etc?; (nombre) ~ **de crayons** etc? how many pencils etc?; **depuis** ~ **de temps?** how long?; ~ **mesure-t-il?** how big is it? — **2** nm: **le** ~ **êtes-vous?** where are you placed?; **le** ~ **sommes-nous?** what date is it?; **il y en a tous les** ~? how often do they come?

combinaison [kɔ̃binɛzɔ̃] nf (a) (femme) slip; (aviateur) flying suit; (mécanicien) boiler suit. (c) (astuce) device. (b) (gén, Math) combination. ♦ **combiné** — **1** adj combined. — **2** nm: **le** ~ (téléphone) receiver. ♦ **combiner** (1) — **1** vt (grouper) to combine (avec with); (élaborer) to devise. — **2** **se combiner** vpr: (élaborer) to combine (avec with).

comble [kɔ̃bl(ə)] — **1** adj packed. — **2** nm (a) **le** ~ **de** the height of; **pour** ~ **(de malheur)** to cap ou crown it all, **c'est le** ~! that's the last straw! (b) (pièce) **les** ~s the attic.

combler [kɔ̃ble] (1) vt (a) (trou) to fill in; (déficit) to make good; (lacune) to fill. (b) (désir) to fulfil; (personne) to gratify. ~ **qn de** (cadeaux) to shower sb with; (joie) to fill sb with; **vraiment, vous nous comblez!** really, you're too good to us!

combustible [kɔ̃bystibl(ə)] — **1** adj combustible. — **2** nm fuel. ♦ **combustion** nf combustion.

comédie [kɔmedi] nf (Théât) comedy. ~ **musicale** musical; (fig) **jouer la** ~ to put on an act; **faire une** ~ to make a fuss ou a scene. ♦ **comédien, -ienne** nm actor; (hypocrite) sham. ♦ **comestible** — **1** adj edible. —

comestible [kɔmɛstibl(ə)] — **1** adj edible. — **2** nmpl : ~s delicatessen.

comète [kɔmɛt] nf comet.

comique [kɔmik] — **1** adj (Théât) comic; (fig) comical. — **2** nm (a) **le** ~ comedy; **le** ~ **de qch** the comical side of sth. (b) (artiste) comic, comedian; (dramaturge) comedy writer.

comité [kɔmite] nm committee. ~ **directeur** board of management.

commandant [kɔmɑ̃dɑ̃] nm (armée de terre) major; (armée de l'air) squadron leader; (transports civils) captain. ~ **en second** second in command.

commande [kɔmɑ̃d] nf (a) (Comm) order. **passer une** ~ to put in an order (de for); **fait sur** ~ made to order. (b) (Tech) ~s controls; **être aux** ~s to be in control.

commandement [kɔmɑ̃dmɑ̃] nm command; (Rel) commandment. **prendre le** ~ **de** to take command of; **à mon** ~ on my command.

commander [kɔmɑ̃de] (1) vt (a) (ordonner) to order, command; (armée) to command. **la prudence commande que ...** prudence demands that...; **celui qui commande** the person in command ou in charge; **ce bouton commande la sirène** this switch controls the siren; **ces choses-là ne se commandent pas** you can't help these things. (b) (marchandises, repas) to order.

comme [kɔm] — **1** conj (a) (temps) as; (cause) as, since. ~ **le rideau se levait** as the curtain was rising; ~ **il pleut** since it's raining. (b) (comparaison) as, like. ~ **il pense** ~ **nous** he thinks as we do ou like us; **un homme** ~ **lui** a man like him ou such as him; **en ville** ~ **à la campagne** in town as well as in the country; **il écrit** ~ **il parle** he writes as ou the way he speaks; **dur** ~ **du fer** as hard as iron; **il y eut** ~ **une lueur** there was a sort of light. (c) (en tant que) as. ~ **étudiant** as a student. (d) ~ **si** as if, as though. ~ **pour faire** as if to do; **il était** ~ **fasciné** it was as though ou as if he were fascinated. (e) ~ **ci** ~ **ça** so-so; ~ **il vous plaira** as you wish; ~ **de juste** naturally; ~ **il faut** (manger) properly; (personne) decent. — **2** adv : ~ **ces enfants sont bruyants!** how noisy these children are!; ~ **il fait beau!** what lovely weather!

commémoratif, -ive [kɔmemɔʀatif, iv] *adj* commemorative. ◆ **commémoration** *nf* commemoration. ◆ **commémorer** (1) *vt* to commemorate.

commencement [kɔmɑ̃smɑ̃] *nm* beginning, start. **au ~** in the beginning, at the start; **du ~ à la fin** from beginning to end, from start to finish.

commencer [kɔmɑ̃se] (3) — **1** *vt* to begin, start. — **2** *vt* to begin, start (*à faire* to do, *par faire* by doing). **ça commence bien!** that's a good start!; **pour ~** to begin *ou* start with; **~ à** (*ou* **de**) **faire** to begin *ou* start to do *ou* doing.

comment [kɔmɑ̃] *adv* (**a**) how. **~ appelles-tu cela?** what do you call that?; **~ allez-vous?** how are you?; **~ faire?** how shall we do it? (**b**) (*excl*) ~? pardon?, what?*; **~ cela?** what do you mean?; **donc!** of course!

commentaire [kɔmɑ̃tɛʀ] *nm* (*remarque*) comment; (*exposé*) commentary (*sur, de* on). **ça se passe de ~** it speaks for itself. ◆ **commentateur, -trice** *nm,f* commentator. ◆ **commenter** (1) *vt* (*match*) to commentate; (*événement*) to comment on.

commérage [kɔmeʀaʒ] *nm* : **~(s)** gossip.

commerçant, e [kɔmɛʀsɑ̃, ɑ̃t] — **1** *adj* (*rue*) shopping. **il est très ~** he's got good business sense. — **2** *nm,f* shopkeeper.

commerce [kɔmɛʀs(ə)] *nm* (**a**) **le ~ de gros** wholesale trade; (*affaires*) business. (*affaires*) business. **faire du ~ avec** to trade with; **dans le ~** (*objet*) in the shops. (**b**) (*boutique*) business. ◆ **commercer** (3) *vi* to trade (*avec* with). ◆ **commercial, e,** *mpl* **-iaux** *adj* commercial. ◆ **commercialisation** *nf* marketing. ◆ **commercialiser** (1) *vt* to market.

commère [kɔmɛʀ] *nf* : **une ~** a gossip.

commettre [kɔmɛtʀ(ə)] (56) *vt* (*crime*) to commit; (*erreur*) to make.

commis [kɔmi] *nm* shop assistant. **~ voyageur** commercial traveller.

commisération [kɔmizeʀasjɔ̃] *nf* commiseration.

commissaire [kɔmisɛʀ] *nm* : **~ de police** police superintendent; **~-priseur** *nm* auctioneer. ◆ **commissariat** *nm* (**a**) **~ de police** police station. (**b**) (*ministère*) department.

commission [kɔmisjɔ̃] *nf* (**a**) (*comité*) committee, commission. (**b**) (*message*) message. (**c**) (*course*) errand. **faire les ~s** to do the shopping. (**d**) (*pourcentage*) commission (*sur* on). ◆ **commissionnaire** *nm* (*livreur*) delivery man; (*messager*) messenger.

commode [kɔmɔd] — **1** *adj* (*facile*) easy; (*pratique*) convenient, handy (*pour faire* for doing). **il n'est pas ~** he's very strict. — **2** *nf* (*meuble*) chest of drawers. ◆ **commodément** *adv* easily; conveniently. ◆ **commodité** *nf* convenience.

commotion [kɔmosjɔ̃] *nf* (*secousse*) shock; (*révolution*) upheaval. **~ cérébrale** concussion. ◆ **commotionner** (1) *vt* : **~ qn** to give sb a shock, shake sb.

commuer [kɔmɥe] (1) *vt* (*peine*) to commute (*en* to).

commun, e¹ [kɔmœ̃, yn] — **1** *adj* (*gén*) common (*à* to); (*effort, démarche*) joint; (*ami*) mutual; (*pièce*) shared. **d'un ~ accord** of one accord;

ils n'ont **rien de ~** they have nothing in common (*avec* with); **peu ~** uncommon, unusual. — **2** *nm* (**a**) **le ~ des mortels** the common run of people. (**b**) (*bâtiments*) **les ~s** the outbuildings. ◆ **communément** *adv* commonly.

communal, e, *mpl* **-aux** [kɔmynal, o] *adj* (*local*) local.

communauté [kɔmynote] *nf* (*gén*) community. **vivre en ~** to live communally; **mettre qch en ~** to pool sth; **la C~ économique européenne** the European Economic Community.

commune² [kɔmyn] *nf* (*ville*) town; (*territoire*) district; (*autorités*) town (*ou* district) council. (*parlement*) **les C~s** the Commons.

communicatif, -ive [kɔmynikatif, iv] *adj* (*rire*) infectious; (*personne*) communicative.

communication [kɔmynikasjɔ̃] *nf* (*gén*) communication. **mettre qn en ~ avec qn** to put sb in touch with sb; (*au téléphone*) to put sb through to sb; **~ téléphonique** phone call.

communier [kɔmynje] (7) *vi* to take communion. ◆ **communion** *nf* (*Rel,fig*) communion.

communiquer [kɔmynike] (1) — **1** *vt* (*donner*) to give; (*envoyer*) to send; (*nouvelle, mouvement, peur*) to communicate. — **2** *vi* (*personnes, pièces*) to communicate (*avec* with). — **3 se communiquer** *vpr* (*feu etc*) **se ~ à** to spread to. ◆ **communiqué** *nm* communiqué. **~ de presse** press release.

communisme [kɔmynism(ə)] *nm* communism. ◆ **communiste** *adj, nmf* communist.

compact, e [kɔpakt, akt(ə)] *adj* dense.

compagne [kɔpaɲ] *nf* companion; (*maîtresse*) ladyfriend; (*animal*) mate. **~ de classe** classmate. ◆ **compagnie** *nf* (*gén*) company. **en ~ de** in company with; **tenir ~ à qn** to keep sb company; **la banque X et ~** the bank of X and company. ◆ **compagnon** *nm* (*ami*) companion; (*ouvrier*) craftsman. **~ de travail** fellow worker, workmate.

comparable [kɔpaʀabl(ə)] *adj* comparable.

comparaison [kɔpaʀɛzɔ̃] *nf* comparison (*à* to, *avec* with). **en ~ de** in comparison with.

comparaître [kɔpaʀɛtʀ(ə)] (57) *vi* (*Jur*) to appear.

comparatif, -ive [kɔpaʀatif, iv] *adj, nm* comparative.

comparer [kɔpaʀe] (1) *vt* to compare (*avec, à* with, *à* to).

comparse [kɔpaʀs(ə)] *nmf* (*péj*) stooge.

compartiment [kɔpaʀtimɑ̃] *nm* compartment.

comparution [kɔpaʀysjɔ̃] *nf* (*Jur*) appearance.

compas [kɔpa] *nm* (*Géom*) pair of compasses; (*Naut*) compass. **avoir le ~ dans l'œil** to have an accurate eye.

compassion [kɔpasjɔ̃] *nf* compassion.

compatibilité [kɔpatibilite] *nf* compatibility. ◆ **compatible** *adj* compatible.

compatriote [kɔpatʀijɔt] *nmf* compatriot.

compensation [kɔpɑ̃sasjɔ̃] *nf* compensation. **en ~ des dégâts** in compensation for the damage. ◆ **compenser** (1) *vt* to compensate for. **~ qch par autre chose** to make up for sth with sth else.

compère [kɔpɛʀ] *nm* accomplice.

compétence [kɔ̃petɑ̃s] *nf* (*gén*) competence. **~s** abilities. ◆ **compétent, e** *adj* competent, capable. **l'autorité ~e** the authority concerned. ◆ **compétitif, -ive** [kɔ̃petitif, iv] *adj* competitive. ◆ **compétition** *nf* (a) (*épreuve*) sport; event. **faire de la ~** to go in for competitive sport; **la ~ automobile** motor racing. (b) ◆ **compétitivité** *nf* competitiveness.

complaindre (se) [kɔ̃plɛ̃dʀ] (54) *vpr* : **se ~ à faire qch** to delight *ou* revel in doing sth.

complainte [kɔ̃plɛ̃t] *nf* lament.

complaisance [kɔ̃plɛzɑ̃s] *nf* (*obligeance*) kindness (*envers* to, towards); (*indulgence*) indulgence; (*connivence*) connivance; (*fatuité*) complacency. ◆ **complaisant, e** *adj* kind; indulgent; conniving; complacent.

complément [kɔ̃plemɑ̃] *nm* (*gén*) complement; (*reste*) rest, remainder. **~ circonstanciel de lieu** adverbial phrase of place; **~ d'objet direct** direct object; **~ d'agent** agent. ◆ **complémentaire** *adj* (*gén*) complementary; (*renseignement*) further.

complet, -ète [kɔ̃plɛ, ɛt] — **1** *adj* (*gén*) complete; thorough; (*train*) full. (*écriteau*) '**~**' (*hôtel*) 'no vacancies'; (*parking*) 'full up'. — **2** *nm* (a) **nous sommes au grand ~** we are all here; **la famille au grand ~** the entire family. (b) **~veston** suit. ◆ **complètement** *adv* (*gén*) completely; (*étudier*) thoroughly.

compléter [kɔ̃plete] (6) — **1** *vt* (*somme*) to make up; (*collection*) to complete; (*garderobe*) to add to; (*études*) to round off; (*améliorer*) to supplement. — **2 se compléter** *vpr* (*caractères*) to complement one another.

complexe [kɔ̃plɛks(ə)] *adj, nm* complex. ◆ **complexer** (1) *vt* : **ça ~ le complexe** it gives him a complex; **être très complexé** to be very mixed up. ◆ **complexité** *nf* (*complexité*) complexity; (*ennui*) complication. (*Méd*) **~s** complications.

complice [kɔ̃plis] — **1** *adj* (*regard*) knowing; (*attitude*) conniving. **être ~ de qch** to be a party to sth. — **2** *nmf* accomplice. ◆ **complicité** *nf* complicity.

compliment [kɔ̃plimɑ̃] *nm* compliment. **~s** congratulations; **faire des ~s à qn** to compliment *ou* congratulate sb. ◆ **complimenter** (1) *vt* to congratulate, compliment (*pour* on).

compliquer [kɔ̃plike] (1) — **1** *vt* to complicate. — **2 se compliquer** *vpr* to become complicated. **se ~ l'existence** to make life complicated for o.s. ◆ **compliqué, e** *adj* complicated.

complot [kɔ̃plo] *nm* plot. ◆ **comploter** (1) *vti* to plot (*de faire* to do). ◆ **comploteur** *nm* plotter.

comportement [kɔ̃pɔʀt(ə)mɑ̃] *nm* behaviour (*envers* towards).

comporter [kɔ̃pɔʀte] (1) — **1** *vt* (*dispositif*) to have; (*inclure*) to include; (*risques*) to entail, involve. **ça comporte quatre parties** it consists of four parts. — **2 se comporter** *vpr* (*personne*) to behave (*en* like).

composant, e [kɔ̃pozɑ̃, ɑ̃t] *adj, nm,f* component.

composer [kɔ̃poze] (1) — **1** *vt* (*fabriquer*) to make up; (*former*) to form; (*choisir*) to select; (*symphonie*) to compose; (*numéro de téléphone*) to dial. — **2** *vi* (*Scol*) to do a test. —

3 se composer *vpr* : **se ~ de, être composé de** to be composed of. ◆ **composé, e** *adj, nm* (*Chim, Gram*) compound. ◆ **compositeur** [kɔ̃pozitœʀ] *nm* (*Mus*) composer. ◆ **composition** [kɔ̃pozisjɔ̃] *nf* (*gén*) composition; (*choix*) selection; (*formation*) formation; (*examen*) test, exam. **quelle est la ~ du gâteau?** what is the cake made of?; (*rédaction*) **~ française** French essay.

compote [kɔ̃pɔt] *nf* compote. **~ de pommes** stewed apples. ◆ **compotier** *nm* fruit dish.

comprendre [kɔ̃pʀɑ̃dʀ(ə)] (58) *vt* (a) (*comporter*) to be composed of, consist of; (*inclure*) to include. (b) (*mentalement*) (*gén*) to understand; (*point de vue*) to see; (*gravité*) to realize. **vous m'avez mal compris** you've misunderstood me; **se faire ~** to make o.s. understood; **j'espère que je me suis bien fait ~** I hope I've made myself quite clear; **ça se comprend** it's quite understandable. ◆ **compréhensible** *adj* (*clair*) comprehensible; (*concevable*) understandable. ◆ **compréhensif, -ive** *adj* understanding. ◆ **compréhension** *nf* understanding.

compresse [kɔ̃pʀɛs] *nf* compress. ◆ **compression** [kɔ̃pʀesjɔ̃] *nf* (*gén*) compression; (*restriction*) reduction, cutback (*de* in).

comprimer [kɔ̃pʀime] (1) *vt* (*air, artère*) to compress; (*pour emballer*) to pack tightly together; (*dépenses, personnel*) to cut down, reduce.

compris, e [kɔ̃pʀi, iz] *adj* (a) (*inclus*) included. **être ~ entre** to be contained between. (b) (*d'accord*) **c'est ~** it's agreed *ou* understood. ◆ **comprimé** *nm* tablet.

compromettre [kɔ̃pʀɔmɛtʀ(ə)] (56) — **1** *vt* to compromise. — **2 se compromettre** *vpr* to compromise o.s. ◆ **compromis** *nm* compromise. ◆ **compromission** *nf* shady deal.

comptabiliser [kɔ̃tabilize] (1) *vt* (*Fin*) to post. ◆ **comptabilité** *nf* (*science*) accountancy, bookkeeping; (*comptes*) accounts, books; (*service*) accounts department; (*profession*) accountancy. **s'occuper de la ~** to keep the accounts. ◆ **comptable** *nmf* accountant. ◆ **comptant** [kɔ̃tɑ̃] *adv* (*payer*) in cash; (*acheter*) for cash.

compte [kɔ̃t] *nm* (a) (*calcul*) count. **faire le ~ de qch** to count sth; **~ à rebours** countdown. (b) (*nombre*) number; (*quantité*) amount. **nous sommes loin du ~** we are a long way short of the target. (c) (*Banque, comptabilité*) account; (*facture*) account, bill. **~ en banque** bank account; **~ chèque postal** ≃ Giro account; **faire ses ~s** to do one's accounts; **son ~ est bon** he's had it', **rendre des ~s à qn** to give sb an explanation. (d) (*responsabilité*) **s'installer à son ~** to set up one's own business; **mettre qch sur le ~ de** to attribute sth to; **dire qch sur le ~ de qn** to say sth about sb; **pour le ~ de** on behalf of; **pour mon ~** personally; (*usage*) for my own use. (e) **tenir ~ de qch** to take sth into account; **ne pas tenir ~ de qch** to disregard sth; **~ tenu de** considering, in view of; **tout ~ fait** all things considered; **~ rendu** [kɔ̃tʀɑ̃dy] *nm inv* (*fig*) account, report; (*film*) review.

compte-gouttes [kɔ̃tgut] *nm inv* dropper; **au ~** sparingly.

compter [kɔ̃te] (1) — **1** *vt* (a) (*calculer*) to count. (b) (*prévoir*) to allow, reckon. **j'ai compté qu'il nous en fallait 10** I reckoned we'd need 10; **il faut ~ 10 jours** you must allow 10 days. **(c)** *(tenir compte de)* to take into account. **sans ~ la fatigue** not to mention tiredness. **(d)** *(facturer)* **~ qch à qn** to charge sb for sth. **(e)** *(avoir l'intention de)* to intend *(faire qch)* to do); *(s'attendre à)* to expect. **je ne compte pas qu'il vienne** I am not expecting him to come. —**2** *vi* **(a)** *(calculer)* to count. **à ~ de** starting from. **(b)** *(être économe)* to economize. *(lit)* **sans ~** regardless of expense; **se dépenser sans ~** to spare no effort. **(c)** *(avoir de l'importance)* to count, matter. **(d)** *(tenir compte de)* **~ avec qch** to reckon with sth, allow for sth. **(e)** *(figurer)* **~ parmi** to be ou rank among. **(f)** *(se fier à)* **~ sur** to count on, rely on; **nous comptons sur vous** we're relying on you; **j'y compte bien!** I should hope so!

compteur [kɔ̃tœʀ] *nm* meter. **~ Geiger** Geiger counter; **~ de vitesse** speedometer.

comptoir [kɔ̃twaʀ] *nm* counter; *(bar)* bar; *(colonie)* trading post.

compulser [kɔ̃pylse] (1) *vt* to consult, examine.

comte [kɔ̃t] *nm* count; *(Brit)* earl. ◆ **comté** *nm* county. ◆ **comtesse** *nf* countess.

concave [kɔ̃kav] *adj* concave.

concéder [kɔ̃sede] (6) *vt* to concede. **je vous concède que** I'll grant you that.

concentration [kɔ̃sɑ̃tʀasjɔ̃] *nf* concentration.

concentrer *vt*, **se concentrer** *vpr* [kɔ̃sɑ̃tʀe] (1) *(gén)* to concentrate; *(regards)* to fix *(sur* on). ◆ **concentré, e** —**1** *adj* *(acide)* concentrated; *(candidat)* in a state of concentration. —**2** *nm* concentrate, extract. **~ de tomates** tomato purée.

concentrique [kɔ̃sɑ̃tʀik] *adj* concentric.

concept [kɔ̃sɛpt] *nm* concept.

conception [kɔ̃sɛpsjɔ̃] *nf* *(enfant)* conception; *(idée)* idea; *(réalisation)* creation. **la ~ de qch** the conception of sth.

concerner [kɔ̃sɛʀne] (1) *vt* to concern. **en ce qui me concerne** as far as I'm concerned.

concert [kɔ̃sɛʀ] *nm* *(Mus)* concert; *(accord)* agreement. **de louanges** chorus of praise; **de ~** together *(avec* with).

concertation [kɔ̃sɛʀtasjɔ̃] *nf* *(dialogue)* dialogue; *(rencontre)* meeting. ◆ **concerté, e** *adj* concerted. ◆ **se concerter** (1) *vpr* to consult each other.

concerto [kɔ̃sɛʀto] *nm* concerto.

concession [kɔ̃sesjɔ̃] *nf* concession *(à* to). ◆ **concessionnaire** *nmf* agent, dealer.

concevable [kɔ̃svabl(ə)] *adj* conceivable. **concevoir** [kɔ̃s(ə)vwaʀ] (28) *vt* **(a)** *(gén)* to conceive; *(projet)* to devise; *(réaction)* to understand. **bien conçu** well thought-out; **voilà comment je conçois la chose** that's how I see it; **lettre ainsi conçue** letter expressed in these terms. **(b)** *(engendrer)* to feel. **(c)** *(engendrer)* to feel.

concierge [kɔ̃sjɛʀʒ(ə)] *nmf* caretaker.

concile [kɔ̃sil] *nm* *(Rel)* council.

conciliable [kɔ̃siljabl(ə)] *adj* reconcilable. ◆ **conciliant, e** *adj* conciliatory. ◆ **conciliateur, -trice** *nm,f* conciliator. ◆ **conciliation** *nf* conciliation.

concilier [kɔ̃silje] (7) *vt* *(exigences)* to reconcile *(avec* with). **se ~ les bonnes grâces de qn** to win sb's favour.

concis, e [kɔ̃si, iz] *adj* concise. ◆ **concision** *nf* concision.

concitoyen, -yenne [kɔ̃sitwajɛ̃, jɛn] *nm,f* fellow citizen.

conclave [kɔ̃klav] *nm* *(Rel)* conclave.

concluant, e [kɔ̃klyɑ̃, ɑ̃t] *adj* conclusive.

conclure [kɔ̃klyʀ] (35) —**1** *vt* to conclude. **marché conclu!** it's a deal! —**2 conclure à** *vt indir* : **ils ont conclu au suicide** they concluded that it was suicide. ◆ **conclusion** *nf* conclusion. **en ~** in conclusion.

concombre [kɔ̃kɔ̃bʀ(ə)] *nm* cucumber.

concordance [kɔ̃kɔʀdɑ̃s] *nf* *(témoignages)* agreement; *(résultats)* similarity *(de* of). *(Gram)* **~ des temps** sequence of tenses. ◆ **concorde** *nf* concord. ◆ **concorder** (1) *vi (faits)* to agree; *(idées)* to match.

concourir [kɔ̃kuʀiʀ] (11) *vi (concurrent)* to compete *(pour* for); *(converger)* to converge *(vers* towards). **~ à faire qch** to work towards doing sth.

concours [kɔ̃kuʀ] *nm (jeu)* competition; *(examen)* competitive examination. **~ hippique** horse show; **prêter son ~ à qch** to lend one's support to sth; **~ de circonstances** combination of circumstances.

concret, -ète [kɔ̃kʀɛ, ɛt] *adj* concrete. ◆ **concrètement** *adv* in concrete terms. ◆ **se concrétiser** (1) *vpr* to materialize.

concurrence [kɔ̃kyʀɑ̃s] *nf (gén, Comm)* competition. **faire ~ à qn** to compete with sb; **jusqu'à ~ de ...** to a limit of.... . ◆ **concurrencer** (3) *vt* to compete with. ◆ **concurrent, e** *nm,f (Comm, Sport)* competitor; *(concours)* candidate. ◆ **concurrentiel, -elle** *adj (Écon)* competitive.

condamnable [kɔ̃danabl(ə)] *adj* reprehensible.

condamnation [kɔ̃danasjɔ̃] *nf (gén)* condemnation; *(peine)* sentence. **il a trois ~s à son actif** he has three convictions; **~ à mort** death sentence; **~ à une amende** imposition of a fine.

condamner [kɔ̃dane] (1) *vt* **(a)** *(gén)* to condemn; *(accusé)* to sentence *(à* to). **~ à mort** to sentence to death; **~ qn à une amende** to fine sb; **plusieurs fois condamné pour vol...** *(malade)* **il est condamné** he's done for; *(malade)* **il est condamné à l'échec** doomed to failure. **(b)** *(porte)* to block up; *(pièce)* to lock up. ◆ **condamné, e** *nm,f* sentenced person, convict. **~ à mort** condemned man.

condensateur [kɔ̃dɑ̃satœʀ] *nm* condenser. ◆ **condensation** *nf* condensation. ◆ **condenser** *vt*, **se condenser** *vpr* (1) to condense.

condescendance [kɔ̃desdɑ̃s] *nf* condescension. ◆ **condescendant, e** *adj* condescending. ◆ **condescendre** (41) *vi* : **~ à faire** to condescend to do.

condiment [kɔ̃dimɑ̃] *nm* condiment.

condisciple [kɔ̃disipl(ə)] *nm (Scol)* schoolfellow; *(Univ)* fellow student.

condition [kɔ̃disjɔ̃] *nf* **(a)** *(gén)* condition. **dans ces ~s** under these conditions; **en bonne ~** *(envoi)* in good condition; *(athlète)* in condition, fit; **remplir les ~s** requises to fulfil the requirements; **à ~ d'être ou que tu sois sage** provided that *ou* que tu sois sage provided that *ou* on condition that you're good. **(b)** *(Comm)* **~s** terms. **(c)** *(métier)* profession, trade. *(situation)* **étudiant de ~ modeste** modest student

from a modest home; **améliorer la ~ des
ouvriers** to improve the conditions of the
workers. ♦ **conditionnel, -elle** *adj*;
conditional. ♦ **conditionnement** *nm* (*emballage*) packaging; (*endoctrinement*) conditioning. ♦ **conditionner** (1) *vt* to package; to
condition.

condoléances [kɔ̃dɔleɑ̃s] *nfpl* condolences;
présenter ses ~ à qn to offer sb one's sym-
pathy *ou* condolences.

conducteur, -trice [kɔ̃dyktœʀ, tʀis] — **1** *adj*
(*Élec*) conducting. — **2** *nm,f* (*chauffeur*)
driver. — **3** *nm* (*Élec*) conductor.

conduire [kɔ̃dɥiʀ] (38) — **1** *vt* (*gén*) to lead (*à*
to); (*véhicule*) to drive; (*embarcation*) to steer;
(*avion*) to pilot; (*négociations*) to conduct; ~
qn à la gare (*en voiture*) to take *ou* drive sb to
the station. — **2 se conduire** *vpr* to behave
(*comme* as). **il s'est mal conduit** he behaved
badly. ♦ **conduit** *nm* pipe. ~ **d'aération** air
duct. ♦ **conduite** *nf* (**a**) (*comportement*) behaviour; (*Scol*) conduct. (**b**) (*tuyau*) pipe; (*eau,
gaz*) main. (**c**) **la ~ d'une voiture** driving a car;
sous la ~ de qn led by sb.

cone [kon] *nm* cone.

confection [kɔ̃fɛksjɔ̃] *nf* (*fabrication*) prepara-
tion. (*métier*) **la ~** the ready-to-wear business.
♦ **confectionner** (1) *vt* to prepare, make.

confédération [kɔ̃fedeʀasjɔ̃] *nf* confederation.
♦ **confédéré, e** *adj, nmf* confederate.

conférence [kɔ̃feʀɑ̃s] *nf* (*exposé*) lecture; (*réunion*) conference, meeting. ~ **de presse** press
conference. ♦ **conférencier, -ière** *nm,f*
speaker, lecturer.

conférer [kɔ̃feʀe] (6) *vti* to confer (*à* on, *sur*
about).

confesser [kɔ̃fese] (1) — **1** *vt* to confess. — **2 se
confesser** *vpr* to go to confession, se ~ **à** to
confess to. ♦ **confesseur** *nm* confessor.
♦ **confession** *nf* (*aveu*) confession; (*religion*)
denomination.

confetti [kɔ̃feti] *nm* : **~(s)** confetti.

confiance [kɔ̃fjɑ̃s] *nf* confidence, trust. **avoir
~ en, faire ~ à** to trust, have confidence in;
maison de ~ a trustworthy *ou* reliable firm; **un
poste de ~** a position of trust; ~ **en soi** self-
confidence. ♦ **confiant, e** *adj* (*assuré*) confident; (*sans défiance*) confiding.

confidence [kɔ̃fidɑ̃s] *nf* confidence. **faire une
~ à qn** to confide sth to sb; **mettre qn dans la ~**
to let sb into the secret. ♦ **confident** *nm* con-
fidant. ♦ **confidente** *nf* confidante. ♦ **confi-
dentiel, -ielle** *adj* confidential; (*sur enve-
loppe*) private.

confier [kɔ̃fje] (7) *vt* (*secret*) to confide (*à* to).
se ~ **à qn** to confide in sb; **je vous confie mes
clefs** I'll leave my keys with you.

confiner [kɔ̃fine] (1) — **1** *vt* to confine. —
2 confiner à *vi indir* to border on. ♦ **confiné, e**
adj close, stuffy.

confins [kɔ̃fɛ̃] *nmpl* borders.

confire [kɔ̃fiʀ] (37) *vt* to preserve; (*vinaigre*) to
pickle. ♦ **confit, e** — **1** *adj* (*fruit*) crystallized.
— **2** *nm* : ~ **d'oie** conserve of goose. ♦ **confi-
ture** *nf* jam. ~ **d'oranges** marmalade.

confirmation [kɔ̃fiʀmasjɔ̃] *nf* confirmation.
♦ **confirmer** (1) *vt* to confirm. **la nouvelle se
confirme** there is some confirmation of the
news.

confiscation [kɔ̃fiskasjɔ̃] *nf* confiscation.
confiserie [kɔ̃fizʀi] *nf* confectionery; (*magasin*)
confectioner's (shop). ♦ **confiseur, -euse**
nm,f confectioner.

confisquer [kɔ̃fiske] (1) *vt* to confiscate.

conflit [kɔ̃fli] *nm* conflict, clash. **entrer en ~
avec qn** to clash with sb.

confondre [kɔ̃fɔ̃dʀ(ə)] (41) — **1** *vt* (*par erreur*)
to mix up, confuse; (*justumer*) to merge;
(*déconcerter*) to astound (*par* with). ~ **qch
avec qch d'autre** to mistake sth for sth else. —
2 se confondre *vpr* (*couleurs, silhouettes*) to
merge. **nos intérêts se confondent** our interests
are one and the same; **se ~ en excuses** to
apologize profusely.

conforme [kɔ̃fɔʀm(ə)] *adj* correct. ~ **à** (*modèle*)
true to; (*plan, règle*) in accordance with.
♦ **conformément** [kɔ̃fɔʀmemɑ̃] *adv* : ~ **à** in
accordance with.

conformer [kɔ̃fɔʀme] (1) — **1** *vt* to model (*à*
on). — **2 se conformer** *vpr* to conform (*à* to).
♦ **conformisme** [kɔ̃fɔʀmism(ə)] *nm* conformity.
♦ **conformiste** *adj, nmf* conformist.
♦ **conformité** [kɔ̃fɔʀmite] *nf* (*identité*) similarity;
(*fidélité*) faithfulness (*à* to). **en ~ avec** in
accordance with.

confort [kɔ̃fɔʀ] *nm* comfort. **appartement tout
~** flat with all mod cons. ♦ **confortable** *adj*
comfortable. ♦ **confortablement** *adv* comfortably.

confrère [kɔ̃fʀɛʀ] *nm* colleague. ♦ **confrérie** *nf*
brotherhood.

confrontation [kɔ̃fʀɔ̃tasjɔ̃] *nf* confrontation;
(*comparaison*) comparison. ♦ **confronter** (1) *vt*
to confront; to compare.

confus, e [kɔ̃fy, yz] *adj* (**a**) (*gén*) confused;
(*esprit, style*) muddled; (*idée*) hazy. (**b**) (*hon-
teux*) ashamed, embarrassed (*de* qch, *d'avoir
fait* at having done). ♦ **confusion** *nf*
(*honte*) embarrassment; (*désordre*) confusion;
(*erreur*) mistake (*de* in).

congé [kɔ̃ʒe] *nm* (**a**) (*vacances*) holiday, vaca-
tion (*US*); (*Mil*) leave. **trois jours de ~** three
days' holiday; ~ **scolaires** school holidays. (**b**)
(*arrêt*) **donner du ~ à** to give some leave. (**c**) ~
de maladie sick leave. **prendre ~ de qn** to take
one's leave of sb. ♦ **congédier** (7) *vt* to dismiss.

congélateur [kɔ̃ʒelatœʀ] *nm* (*meuble*) deep-
freeze; (*compartiment*) freezer compartment.
♦ **congeler** *vt*, **se congeler** *vpr* (5) to freeze.
poisson congelé frozen fish.

congénère [kɔ̃ʒenɛʀ] *nmf* fellow creature.
♦ **congénital, e, mpl -aux** *adj* congenital.

congestion [kɔ̃ʒɛstjɔ̃] *nf* congestion. ~ (*cérébrale*) stroke. ♦ **congestionner** (1) *vt* (*personne*) to make flushed.

congratulations [kɔ̃gʀatylasjɔ̃] *nfpl* congratulations. ♦ **congratuler** (1) *vt* to congratulate.

congrégation [kɔ̃gʀegasjɔ̃] *nf* congregation.

congrès [kɔ̃gʀɛ] *nm* congress.

conifère [kɔnifɛʀ] *nm* conifer.

conique [kɔnik] *adj* cone-shaped.

conjecture [kɔ̃ʒɛktyʀ] *nf* conjecture.

conjoint, e [kɔ̃ʒwɛ̃, wɛ̃t] — **1** *adj* (*action*) joint.
— **2** *nm,f* spouse. **les ~s** the husband and
wife.

conjonction [kɔ̃ʒɔ̃ksjɔ̃] *nf* conjunction.

conjoncture [kɔ̃ʒɔ̃ktyʀ] nf circumstances. **crise de ~** economic crisis.

conjugaison [kɔ̃ʒygɛzɔ̃] nf conjugation.

conjugal, e, mpl **-aux** [kɔ̃ʒygal, o] adj conjugal.

conjuguer [kɔ̃ʒyge] (1) — **1** vt (verbe) to conjugate; (combiner) to combine. — **2 se conjuguer** vpr (efforts) to combine. (verbe) **se ~ avec** to be conjugated with.

conjuration [kɔ̃ʒyʀasjɔ̃] nf conspiracy. ◆ **conjurer** (1) vt (sort) to ward off. **~ qn de faire qch** to beseech sb to do sth. ◆ **conjuré, e** nmf conspirator.

connaissance [kɔnɛsɑ̃s] nf **(a)** (savoir) knowledge; **avoir des ~s** to be knowledgeable. **(b)** (personne) acquaintance. **(c)** (conscience) consciousness. **sans ~** unconscious; **reprendre ~** to regain consciousness. **(d) pas à ma ~** not to my knowledge, not as far as I know; **en ~ de cause avec** qn to meet sb; **prendre ~ de qch** to read sth. ◆ **connaisseur** nm connoisseur.

connaître [kɔnɛtʀ(ə)] (57) vt **(a)** (gén) to know; **~ qch de vue** to know of. **connaît-il la nouvelle?** has he heard the news?; **~ qn de vue** to know sb by sight; **~ la vie** to know about life; **se faire ~** to make o.s. known; **il m'a fait ~ son frère** he introduced me to his brother; **il connaît son affaire, il s'y connaît** he knows a lot about it; **bien connu** well-known. **(b)** (restaurant etc.) to know of. ◆ **se connaître** vpr **(a)** (soi) to know o.s. **(b)** (mutuellement) to know each other; **ils se connaissent** they know each other. ◆ **connu, e** adj well-known.

connecter [kɔnɛkte] (1) vt to connect. ◆ **connexion** nf connection.

connivence [kɔnivɑ̃s] nf connivance.

conquérant [kɔ̃keʀɑ̃] nm, **conquérante** nf conqueror. ◆ **conquérir** (21) vt (gén) to conquer; (estime) to win; (fig : séduire) to win over. ◆ **conquête** nf conquest. **faire la ~ de** to conquer; to win over.

consacrer [kɔ̃sakʀe] (1) vt (Rel) to consecrate. **~ du temps à faire qch** to devote time to doing sth; **se ~ à sa famille** to devote o.s. to one's family; **expression consacrée** set phrase; **pouvez-vous me ~ un instant?** can you spare me a moment?

consciemment [kɔ̃sjamɑ̃] adv consciously.

conscience [kɔ̃sjɑ̃s] nf **(a)** (psychologique) consciousness. **la ~ de qch** the awareness ou consciousness of sth; **avoir ~ que** to be aware ou conscious that, realize that. **(b)** (morale) conscience. **avoir mauvaise ~** to have a bad ou guilty conscience; **~ professionnelle** conscientiousness. ◆ **consciencieux, -ieuse** adj conscientious. ◆ **conscient, e** adj (non évanoui) conscious; (lucide) lucid. **~ de** conscious ou aware of.

conscrit [kɔ̃skʀi] nm conscript, draftee (US).

consécration [kɔ̃sekʀasjɔ̃] nf consecration.

consécutif, -ive [kɔ̃sekytif, iv] adj consecutive. **~ à** following upon. ◆ **consécutivement** adv consecutively.

conseil [kɔ̃sɛj] nm **(a)** un **~** some advice, a piece of advice; **sur mes ~s** on my advice. **(b)** (personne) **ingénieur-~** consulting engineer. **(c)** (organisme) council, committee; (séance) meeting. **tenir ~** to hold a meeting; **~ d'administration** board of directors; **~ de classe** staff meeting; **~ de discipline** disciplinary committee; **~ des ministres** Cabinet meeting; **~ municipal** town council.

conseiller¹ [kɔ̃seje] (1) vt : **~ qch** to recommend sth; **~ qn** to advise sb; **~ à qn de faire qch** to advise sb to do sth; **il est conseillé de** it is advisable to.

conseiller², -ère [kɔ̃seje, kɔ̃sejɛʀ] nmf (expert) adviser; (d'un conseil) councillor. **~ municipal** town councillor.

consentement [kɔ̃sɑ̃tmɑ̃] nm consent. ◆ **consentir** (16) — **1** vi to agree, consent (à to). **êtes-vous consentant?** do you consent to it? — **2** vt (prêt) to grant (à to).

conséquence [kɔ̃sekɑ̃s] nf consequence; (résultat) result; (conclusion) conclusion. **en ~** (donc) consequently; (agir) accordingly; **sans ~** (fâcheuse) without repercussions; (sans importance) of no consequence. ◆ **conséquent, e** adj (important) sizeable. **par ~** consequently.

conservateur, -trice [kɔ̃sɛʀvatœʀ, tʀis] — **1** adj conservative. — **2** nmf (musée) curator; (Pol) conservative. ◆ **conservatisme** nm conservatism.

conservatoire [kɔ̃sɛʀvatwaʀ] nm school, academy (of music, drama).

conserve [kɔ̃sɛʀv] nf : **les ~s** canned food; **mettre en ~** (boîte) to can; (bocal) to bottle. ◆ **conserver** (1) — **1** vt (gén) to keep; (stocker) to store; (vitesse, sens) to keep; (espoir, sens) to retain. (fig : personne) **bien conservé** well-preserved. — **2 se conserver** vpr (aliments) to keep. ◆ **conserverie** nf canning factory.

considérable [kɔ̃sideʀabl(ə)] adj huge, considerable.

considération [kɔ̃sideʀasjɔ̃] nf **(a)** (examen) consideration. **prendre qch en ~** to take sth into consideration ou account. **(b)** (motif) consideration. **(c)** (remarques) **~s** reflections. **(d)** (respect) esteem, respect. ◆ **considérer** (6) vt **(a)** (gén) to consider. **tout bien considéré** all things considered; **je le considère comme mon fils** I look upon him as my son; **considérant que** considering that. **(b)** (respecter) to respect.

consigne [kɔ̃siɲ] nf (instructions) orders; [Scol : punition] detention; (bagages) left-luggage office; (bouteille) deposit. **~ automatique** left-luggage lockers. ◆ **consigner** (1) vt (fait) to record; (soldat) to confine to barracks; (élève) to keep in detention. **bouteille consignée** returnable bottle.

consistance [kɔ̃sistɑ̃s] nf consistency. ◆ **consistant, e** adj (repas) substantial; (nourriture) solid.

consister [kɔ̃siste] (1) vi (se composer de) **~ en** to consist of, be made up of; (résider dans) **~ dans** to consist in.

consolation [kɔ̃sɔlasjɔ̃] nf consolation.

consoler [kɔ̃sɔle] (1) vt (personne) to console; (chagrin) to soothe. **se ~ d'une perte** to be consoled for ou get over a loss.

consolidation [kɔ̃sɔlidasjɔ̃] nf strengthening; (accord) consolidation. ◆ **consolider** (1) vt to strengthen; to consolidate.

consommateur, -trice [kɔ̃sɔmatœʀ, tʀis] nm,f (acheteur) consumer; (café) customer. ◆ **consommation** nf consumption; (boisson) drink. **prendre les ~s** to take the orders; **biens de ~** consumer goods. ◆ **consommer** (1) vt (gén) to consume; *(nourriture)* to drink; *(carburant)* to use.

consonne [kɔ̃sɔn] *nf* consonant.

conspirateur, -trice [kɔ̃spiratœr, tris] *nm,f* conspirator, plotter. ◆ **conspiration** *nf* conspiracy, plot *(contre* against*)*. ◆ **conspirer** (1) *vi* to conspire, plot *(contre* against*)*.

constamment [kɔ̃stamɑ̃] *adv* constantly.

constant, e [kɔ̃stɑ̃, ɑ̃t] *adj* (gén) constant; *(effort)* steadfast. — **2** *nf* (*Math*) constant. ◆ **constance** *nf* constancy, steadfastness.

constat [kɔ̃sta] *nm* report. ~ **d'huissier** certified report. ◆ **constatation** *nf (remarque)* observation. **la** ~ **de qch** noticing sth. ◆ **constater** (1) *vt* to note, notice, see; *(par constat)* to record; *(déces)* to certify.

constellation [kɔ̃stelasjɔ̃] *nf* constellation. ◆ **constellé, e** *adj* : ~ **de** *(astres)* studded with; *(taches)* spotted with.

consternation [kɔ̃stɛrnasjɔ̃] *nf* consternation, dismay. ◆ **consterner** (1) *vt* to dismay.

constipation [kɔ̃stipasjɔ̃] *nf* constipation. ◆ **constiper** (1) *vt* to constipate. ◆ **constipé, e** *adj* *(pej : guindé)* stiff; *(Méd)* constipated.

constituer [kɔ̃stitɥe] (1) — **1** *vt* (a) *(gouvernement)* to form; *(bibliothèque)* to build up; *(dossier)* to make up. **constitué de plusieurs morceaux** made up *ou* composed of several pieces; *(physiquement)* **bien constitué** of sound constitution. (b) *(délit, motif)* to constitute. — **2 se constituer** *vpr* : **se** ~ **prisonnier** to give o.s. up. ◆ **constitution** *nf (composition)* composition; *(Méd, Pol)* constitution; **la** ~ **d'un comité** setting up a committee. ◆ **constitutionnel, -elle** *adj* constitutional.

constructeur [kɔ̃stryktœr] *nm (automobile)* manufacturer; *(maison)* builder. ◆ **constructif, -ive** *adj* constructive. ◆ **construction** *nf* (a) *(action)* building, construction. **en** ~ under construction. (b) *(industrie)* **la** ~ the building trade; **les** ~**s navales** shipbuilding. (c) *(édifice)* building.

construire [kɔ̃strɥir] (38) *vt* to build, construct. **ça se construit avec le subjonctif** it takes the subjunctive.

consul [kɔ̃syl] *nm* consul. ◆ **consulaire** *adj* consular. ◆ **consulat** *nm* consulate.

consultatif, -ive [kɔ̃syltatif, iv] *adj* consultative, advisory. ◆ **consultation** *nf* consultation. **d'une** ~ **difficile** difficult to consult; *(Méd)* **les heures de** ~ surgery *ou* consulting hours.

consulter [kɔ̃sylte] (1) — **1** *vt* to consult. — **2** *vi (médecin)* to hold surgery. — **3 se consulter** *vpr* to consult each other.

consumer [kɔ̃syme] (1) — **1** *vt (incendie)* to consume, burn; *(fig)* to consume. **débris consumés** charred debris. — **2 se consumer** *vpr* to burn.

contact [kɔ̃takt] *nm (gén)* contact; *(toucher)* touch; *(Aut)* **mettre le** ~ to switch on the ignition; **prendre** ~ get in touch on the contact *(avec* with*)*; **mettre en** ~ *(objets)* to bring into contact; *(entrevue)* first meeting; **au** ~ **de l'air** in

contact with the air. ◆ **contacter** (1) *vt* to contact, get in touch with.

contagieux, -euse [kɔ̃taʒjø, øz] *adj* infectious; *(par le contact)* contagious. ◆ **contagion** *nf* contagion.

contamination [kɔ̃taminasjɔ̃] *nf* contamination. ◆ **contaminer** (1) *vt* to contaminate.

conte [kɔ̃t] *nm* tale, story. *(lit, fig)* ~ **de fée** fairy tale *ou* story.

contemplation [kɔ̃tɑ̃plasjɔ̃] *nf* contemplation. ◆ **contempler** (1) *vt* to contemplate, gaze at.

contemporain, e [kɔ̃tɑ̃pɔrɛ̃, ɛn] — **1** *adj* contemporary *(de* with*)*. — **2** *nm* contemporary.

contenance [kɔ̃tnɑ̃s] *nf (capacité)* capacity; *(attitude)* attitude. **perdre** ~ to lose one's composure. ◆ **contenant** *nm* : **le** ~ the container.

contenir [kɔ̃tnir] (22) — **1** *vt (gén)* to contain; *(larmes)* to hold back; *(foule)* to hold in check. — **2 se contenir** *vpr* to contain o.s.

content, e [kɔ̃tɑ̃, ɑ̃t] — **1** *adj* pleased, happy *(de* with*)*. **non** ~ **d'être** ... not content with being ... . — **2** *nm* : **avoir son** ~ **de qch** to have had one's fill of sth. ◆ **contentement** *nm* contentment, satisfaction. ~ **de soi** self-satisfaction. ◆ **contenter** (1) — **1** *vt* to satisfy. — **2 se contenter** *vpr* : **se** ~ **de qch** to content o.s. with sth.

contenu, e [kɔ̃tny] — **1** *adj (colère)* suppressed. — **2** *nm (récipient)* contents; *(texte)* content.

conter [kɔ̃te] (1) *vt* : ~ **qch à qn** to tell sth to sb.

contestable [kɔ̃tɛstabl(ə)] *adj* questionable. ◆ **contestataire** *nmf* protester. ◆ **contestation** *nf (discussion)* dispute. **la** ~ **des résultats** disputing the results; *(Pol)* **faire de la** ~ to protest. ◆ **conteste** *nf* : **sans** ~ unquestionably. ◆ **contesté, e** : **roman très contesté** very controversial novel. — **2** *vi* to protest.

conteur [kɔ̃tœr] *nm (écrivain)* storyteller; *(narrateur)* storyteller.

contexte [kɔ̃tɛkst(ə)] *nm* context.

contigu, -uë [kɔ̃tigy] *adj* adjacent *(à* to*)*.

continent [kɔ̃tinɑ̃] *nm* continent. **le** ~ the mainland. ◆ **continental, e, mpl -aux** *adj* continental.

contingence [kɔ̃tɛ̃ʒɑ̃s] *nf (gén)* contingency.

contingent [kɔ̃tɛ̃ʒɑ̃] *nm (quota)* quota; *(part)* share; *(Mil)* contingent. ◆ **contingenter** (1) *vt* to fix a quota on.

continu, e [kɔ̃tiny] *adj (gén)* continuous; *(ligne)* unbroken. ◆ **continuel, -elle** *adj (continu)* continuous; *(qui se répète)* continual. ◆ **continuellement** *adv* continuously; continually.

continuer [kɔ̃tinɥe] (1) — **1** *vt* to continue. ~ **son chemin** to go on, continue on one's way. — **2** *vi* to continue, go on. ~ **de ou à manger** to keep on *ou* continue eating. — **3 se continuer** *vpr* to go on, continue.

contorsion [kɔ̃tɔrsjɔ̃] *nf* contortion.

contour [kɔ̃tur] *nm* outline, contour. ◆ **contourner** (1) *vt* to go round.

contraceptif, -ive [kɔ̃trasɛptif, iv] *adj, nm* contraceptive. ◆ **contraception** *nf* contraception.

contracter [kɔ̃trakte] (1) — **1** *vt (muscle)* to contract; *(dette, maladie)* to contract; *(assurance)* to take out. — **2 se contracter** *vpr (muscle)* to tense; *(Phys : corps)* to contract. ◆ **contraction** *nf (action)* tensing; *(état)* tenseness; *(spasme)* contraction.

contractuel, -elle [kɔ̃tʀaktɥɛl] *nmf (Police)* ≃ traffic warden.

contradiction [kɔ̃tʀadiksjɔ̃] *nf* contradiction. **être en ~ avec** to contradict. ◆ **contradictoire** *adj* contradictory.

contraignant, e [kɔ̃tʀɛɲɑ̃, ɑ̃t] *adj* restricting, constraining. ◆ **contraindre** (52) *vt* : **~ qn à faire qch** to force *ou* compel sb to do sth; **se ~** to restrain o.s. ◆ **contrainte** *nf* constraint. **sous la ~** under constraint *ou* duress; **sans ~** unrestrainedly.

contraire [kɔ̃tʀɛʀ] — **1** *adj (gén)* opposite; *(vent, action)* contrary; *(intérêts)* conflicting. **~ à la santé** bad for the health. — **2** *nm* opposite. **c'est tout le ~** it's just the opposite; **au ~** on the contrary. ◆ **contrairement** *adv* : **~ à** contrary to; **~ aux autres ...** unlike the others ...

contrarier [kɔ̃tʀaʀje] (7) *vt (personne)* to annoy; *(projets)* to frustrate, thwart; *(mouvement)* to impede. ◆ **contrariété** *nf* annoyance.

contraste [kɔ̃tʀast(ə)] *nm (gén)* contrast. **en ~ avec** in contrast to. ◆ **contraster** (1) *vi* to contrast.

contrat [kɔ̃tʀa] *nm* contract.

contravention [kɔ̃tʀavɑ̃sjɔ̃] *nf (Aut)* fine; *(de stationnement)* parking ticket. **dresser ~ à qn** to fine sb.

contre [kɔ̃tʀ(ə)] — **1** *prép et adv* **(a)** *(contact)* against. **appuyez-vous ~** lean against *ou* on it; **joue ~ joue** cheek to cheek. **(b)** *(hostilité)* against. *(Sport)* **Poitiers ~ Lyon** Poitiers versus *ou* against Lyons; **en colère ~ qn** angry with sb. **(c)** *(protection)* **s'abriter ~ le vent** to shelter from the wind; **des comprimés ~ la grippe** tablets for flu. **(d)** *(échange) (argent)* in exchange for; *(promesse)* in return for. **(e)** *(rapport)* **1 bon ~ 3 mauvais** 1 good one for 3 bad ones; **9 voix ~ 4** 9 votes to 4. **(f)** **~ toute apparence** despite appearances; **par ~** on the other hand. — **2** *préf* counter-. **~attaque** *etc* counter-attack *etc*; **~indication** contraindication; **à ~jour** against the sunlight; **~performance** *nf* substandard performance; **prendre le ~pied de ce que qn dit qn** to say exactly the opposite of sb else; **~plaqué** plywood.

contrebalancer [kɔ̃tʀəbalɑ̃se] (3) *vt (poids)* to offset; *(influence)* to offset.

contrebande [kɔ̃tʀəbɑ̃d] *nf* : **faire de la ~** to do some smuggling. **produits de ~** smuggled goods. ◆ **contrebandier** *nm* smuggler.

contrebas [kɔ̃tʀəba] *nm* : **en ~ (de)** below.

contrebasse [kɔ̃tʀəbas] *nf* double bass.

contrecarrer [kɔ̃tʀəkaʀe] (1) *vt* to thwart.

contrecœur [kɔ̃tʀəkœʀ] *adv* : **à ~** reluctantly.

contrecoup [kɔ̃tʀəku] *nm* repercussions.

contredire [kɔ̃tʀədiʀ] (37) *vt* to contradict.

contrée [kɔ̃tʀe] *nf (pays)* land; *(région)* region.

contrefaçon [kɔ̃tʀəfasɔ̃] *nf (gén)* imitation; *(falsification)* forgery. ◆ **contrefaire** (60) *vt* to imitate; *(falsifier)* to counterfeit, forge.

contremaître [kɔ̃tʀəmɛtʀ(ə)] *nm* foreman.

contrepartie [kɔ̃tʀəpaʀti] *nf* : **en ~** in return; *(compensation)* in compensation *(de* for).

contrepoids [kɔ̃tʀəpwa] *nm* counterweight, counterbalance. **faire ~** to act as a counterbalance.

contrer [kɔ̃tʀe] (1) *vt* to counter.

contresens [kɔ̃tʀəsɑ̃s] *nm (traduction)* mistranslation. **à ~** the wrong way.

contretemps [kɔ̃tʀətɑ̃] *nm (retard)* hitch.

contribuable [kɔ̃tʀibɥabl(ə)] *nmf* taxpayer.

contribuer [kɔ̃tʀibɥe] (1) : **~ à** *vt indir* to contribute towards. ◆ **contribution** *nf* **(a)** *(participation)* contribution. **mettre qn à ~** to make use of sb. **(b)** *(impôts)* **~s** *(commune)* rates; *(état)* taxes; *(bureaux)* tax office.

contrit, e [kɔ̃tʀi, it] *adj* contrite. ◆ **contrition** *nf* contrition.

contrôle [kɔ̃tʀol] *nm (gén)* control; *(vérification)* check; *(billets)* inspection; *(opérations)* supervision; *(Théât : bureau)* booking office. **~ d'identité** identity check; **le ~ de la qualité** quality check; **garder le ~ de qch** to remain in control of sth. ◆ **contrôler** (1) *vt* to control; to check; to inspect; to supervise. **se ~** to control o.s. ◆ **contrôleur** *nm* inspector.

controverse [kɔ̃tʀɔvɛʀs(ə)] *nf* controversy. ◆ **controversé, e** *adj* much debated.

contusion [kɔ̃tyzjɔ̃] *nf* bruise. ◆ **contusionner** (1) *vt* to bruise.

conurbation [kɔnyʀbasjɔ̃] *nf* conurbation.

convaincant, e [kɔ̃vɛ̃kɑ̃, ɑ̃t] *adj* convincing. ◆ **convaincre** (42) *vt* to convince *(de qch* of sth). **~ qn de faire qch** to persuade sb to do sth. ◆ **convaincu, e** *adj* convinced.

convalescence [kɔ̃valesɑ̃s] *nf* convalescence. **être en ~** to be convalescing; **maison de ~** convalescent home. ◆ **convalescent, e** *adj, nm, f* convalescent.

convenable [kɔ̃vnabl(ə)] *adj (approprié)* suitable; *(acceptable)* decent, acceptable. ◆ **convenablement** *adv* suitably; decently; acceptably.

convenance [kɔ̃vnɑ̃s] *nf* : **est-ce à votre ~?** is it to your liking?; **les ~s** *(préférences)* preferences; *(sociales)* the proprieties.

convenir [kɔ̃vniʀ] (22) — **1 convenir à** *vt indir* : **~ à qn** *(offre)* to suit sb; *(lecture)* to be suitable for sb; *(climat)* to agree with sb; *(date)* to be convenient for sb. — **2 convenir de** *vt indir (erreur)* to admit; *(date, lieu)* to agree upon. **comme convenu** as agreed. — **3** *vb impers* : **il convient de faire** *(il vaut mieux)* it's advisable to do; *(il est bienséant de)* it is polite to do.

convention [kɔ̃vɑ̃sjɔ̃] *nf (gén)* agreement; *(tacite)* understanding; *(Art, Pol, bienséance)* convention. ◆ **conventionnel, -elle** *adj* conventional.

convergence [kɔ̃vɛʀʒɑ̃s] *nf* convergence. ◆ **convergent, e** *adj* convergent. ◆ **converger** (3) *vi (gén)* to converge; *(regards)* to focus *(sur* on).

conversation [kɔ̃vɛʀsasjɔ̃] *nf (gén)* conversation; *(Pol)* talk. **dans la ~** courante in informal speech. ◆ **converser** (1) *vi* to converse *(avec* with).

conversion [kɔ̃vɛʀsjɔ̃] *nf* conversion. ◆ **convertible** — **1** *adj* convertible *(en* into). — **2** *nm (canapé)* bed-settee. ◆ **convertir** (2) — **1** *vt* to convert *(à* to, *en* into). — **2 se convertir** *vpr* to be converted *(à* to).

convexe [kɔ̃vɛks(ə)] *adj* convex.

conviction [kɔ̃viksjɔ̃] *nf* conviction.

convier [kɔ̃vje] (7) *vt* : **~ à** to invite to. ♦ **convive** *nmf* guest.

convoitise *nf* : **la ~** : covetousness; **regard de ~** covetous look.

convocation [kɔ̃vɔkasjɔ̃] *nf* (*gén*) summons; (*candidat*) notification to attend. **la ~ de l'assemblée** convening the assembly.

convoi [kɔ̃vwa] *nm* (*train*) train; (*véhicules*) convoy; (*funèbre*) funeral procession. ♦ **convoquer** [kɔ̃vɔke] (1) *vt* (*assemblée*) to convene; (*membre*) to invite (**à** to); (*candidat*) to ask to attend; (*prévenu, subordonné*) to summon.

convulsif, -ive [kɔ̃vylsif, iv] *adj* convulsive. ♦ **convulsion** *nf* convulsion.

coopératif, -ive [kɔɔperatif, iv] *adj, nf* cooperative. ♦ **coopération** *nf* cooperation. ♦ **coopérer** (6) *vi* to cooperate (**à** in).

coordination [kɔɔrdinasjɔ̃] *nf* coordination. ♦ **coordonnées** *nfpl* (*Math*) coordinates; (*adresse*) whereabouts. ♦ **coordonner** (1) *vt* to coordinate.

copain* [kɔpɛ̃], **copine*** [kɔpin] — **1** *nm,f* pal* chum*, buddy* (*US*). — **2** *adj* : **~ avec** pally* with.

copeau, *pl* **~x** [kɔpo] *nm* (*bois*) shaving; (*métal*) turning.

copie [kɔpi] *nf* (*exemplaire*) copy; (*imitation*) imitation; (*feuille*) sheet of paper. (*Scol*) **rendre sa ~** to hand in one's paper. ♦ **copier** (7) *vt* to copy. **c'est la ~ de sa mère** she's the image of her mother. (*Scol*) **~ sur** (*gén*) to copy; (*Scol*) to crib (**sur** from). ♦ **copieur, -euse** *nm,f* (*Scol*) cribber.

copieux, -euse [kɔpjø, øz] *adj* (*gén*) copious; (*repas*) hearty.

copilote [kɔpilɔt] *nmf* co-pilot.

copine* [kɔpin] *nf* V **copain***.

coq [kɔk] *nm* cock; (*cuisinier*) ship's cook. **être comme un ~ en pâte** to be in clover; **sauter du ~ à l'âne** to jump from one subject to another; **~ au vin** coq au vin.

coque [kɔk] *nf* **(a)** (*bateau*) hull; (*avion*) fuselage; (*Culin*) **à la ~** boiled. **(b)** (*mollusque*) cockle. ♦ **coquetier** *nm* egg cup.

coquelicot [kɔkliko] *nm* poppy.

coqueluche [kɔkly] *nf* whooping cough.

coquet, -ette [kɔkɛ, ɛt] *adj* (*joli*) pretty; (*élégant*) smart, stylish; (*par temperament*) clothes-conscious. **~ revenu*** tidy income*.

coquillage [kɔkijaʒ] *nm* (*coquille*) shell; (*mollusque*) shellfish.

coquille [kɔkij] *nf* (*gén*) shell; (*Typ*) misprint. **~ Saint-Jacques** (*animal*) scallop; (*carapace*) scallop shell. ♦ **coquillettes** *nfpl* pasta shells.

coquin, e [kɔkɛ̃, in] — **1** *adj* (*malicieux*) mischievous; (*grivois*) naughty. — **2** *nm,f* rascal.

cor [kɔr] *nm* **(a)** (*Mus*) horn. **~ anglais** cor anglais; **~ de chasse** hunting horn; **~ d'harmonie** French horn. **(b) ~ au pied** corn.

corail, *pl* **-aux** [kɔraj, o] *nm* coral.

corbeau, *pl* **~x** [kɔrbo] *nm* (*gén*) crow. **grand ~** raven.

corbeille [kɔrbɛj] *nf* basket. **~ à papiers** waste paper basket.

corbillard [kɔrbijar] *nm* hearse.

cordage [kɔrdaʒ] *nm* rope. (*voilure*) **~s** rigging.

corde [kɔrd(ə)] *nf* (*câble, matière*) rope; (*raquette etc*) string. **~ à linge** clothes line; **~ à sauter** skipping rope; **~s vocales** vocal cords; **monter à la ~** to climb a rope; **les (instruments à) ~s** the stringed instruments; **avoir plusieurs ~s à son arc** to have more than one string to one's bow; **c'est dans ses ~s** it's in his line; **il pleut des ~s*** it's pouring. ♦ **cordée** *nf* roped party. ♦ **cordelette** *nf* cord.

cordon [kɔrdɔ̃] *nm* (*rideau*) cord; (*tablier*) tie; (*sac*) string; (*souliers*) lace; (*soldats*) cordon; (*décoration*) ribbon. **~ de sonnette** bell-pull; **tenir les ~s de la bourse** to hold the purse strings; **~-bleu*** *nm* cordon-bleu cook. ♦ **cordonnerie** [kɔrdɔnri] *nf* (*boutique*) shoemender's (shop); (*métier*) shoemending. ♦ **cordonnier** *nm* shoemender, cobbler.

coriace [kɔrjas] *adj* (*lit, fig*) tough.

corne [kɔrn] *nf* (*gén*) horn; (*cerf*) antler; **~ d'abondance** horn of plenty; **~ à chaussures** shoehorn.

cornée [kɔrne] *nf* cornea.

corneille [kɔrnɛj] *nf* crow.

cornemuse [kɔrnǝmyz] *nf* bagpipes. **joueur de ~** bagpiper.

corner[1] [kɔrne] (1) *vt* (*livre*) to make dog-eared. **corner**[2] [kɔrnɛr] *nm* (*Ftbl*) corner.

cornet [kɔrnɛ] *nm* (*récipient*) cornet. **~ acoustique** ear trumpet; **~ à dés** dice cup; **~ à pistons** cornet.

corniche [kɔrni] *nf* (*Archit*) cornice; (*Géog*) ledge.

cornichon [kɔrni] *nm* gherkin; (* : *bête*) nitwit*.

corporation [kɔrpɔrasjɔ̃] *nf* professional body. ♦ **corporel, -elle** [kɔrpɔrɛl] *adj* (*châtiment*) corporal; (*besoin*) bodily.

corps [kɔr] *nm* **(a)** (*gén, Chim, fig*) body; (*cadavre*) corpse. **~ gras** greasy substance; **~ de bâtiment** building; (*Mil*) **un ~ à ~** a hand-to-hand fight; **trembler de tout son ~** to tremble all over; **se donner ~ et âme à qch** to give o.s. heart and soul to sth; **prendre ~** to take shape; **à son corps défendant** against my will. **(b)** (*profession*) profession. **~ diplomatique** diplomatic corps; **~ électoral** electorate; **le ~ enseignant** the teaching profession; **~ de sapeurs-pompiers** fire-brigade.

corpulence [kɔrpylãs] *nf* stoutness, corpulence. **de moyenne ~** of medium build. ♦ **corpulent, e** *adj* stout, corpulent.

correct, e [kɔrɛkt, ɛkt(ə)] *adj* (*gén*) correct; (*réponse*) right; (*fonctionnement, tenue*) proper; (*Typ*) proof-right. ♦ **correctement** *adv* correctly; properly. ♦ **correcteur, -trice** *nm,f* (*examen*) marker; (*Typ*) proof-reader. ♦ **correction** *nf* (*gén*) correction; (*châtiment*) hiding; (*Typ*) proof-